西村幸祐

夢と栄華の
時代が用意した
〈失われた30年〉

1980年代

育鵬社

私はこれからの日本に大して希望をつなぐことができない。このまま行ったら「日本」はなくなってしまうのではないかという感を日ましに深くする。日本はなくなって、その代わりに、無機的な、からっぽな、ニュートラルな、中間色の、富裕な、抜目がない、或る経済的大国が極東の一角に残るのであろう。それでもいいと思っている人たちと、私は口をきく気にもなれなくなっているのである。

——三島由紀夫『産経新聞』昭和四十五年（一九七〇）七月七日

＊本書は二〇一二年五月に祥伝社より刊行された『幻の黄金時代』を全面的に復刻、改訂したものである。
＊取材対象者等の役職、肩書などは基本的に取材当時のものである。
＊基本的に敬称は略した。

プロローグ

十三世紀の終わりにマルコ・ポーロは『東方見聞録』を著した。世界の東の果ての絶海に黄金の島国があるという伝説は、やがてヨーロッパ人たちのロマンティシズムを刺激することになった。現在でも欧米の世界地図は大西洋が中央にあり、日本列島は東の端、地図の右端に描かれている。世界地図が、極東―Far Eastという言葉が生まれた原因になったのは言うまでもない。

未知のワンダーランド、「黄金の国・ジパング」の存在はヨーロッパ人の好奇心や冒険心をどれだけ刺激したことだろう。またそれと同時に、世界の果てのジパングには魔界境のような幻影も与えられ、彼らの征服欲を駆り立てた。〈大航海時代〉と呼ばれるヨーロッパの世界侵略の始まりである。

スペイン、ポルトガル、オランダ、英国、米国、フランス、ロシアと、時代の推移とともに民族や国が入れ替わりながら、彼らの〈大侵略時代〉が地球上の欧米以外のエリアに五百年かけて拡がっていった。

ところが、マルコ・ポーロが「黄金の国・ジパング」と呼んだ島国は、彼が日本の存在を予言した約二百五十年後の天文十二年（一五四三）にポルトガル人が種子島に流れ着き、わずか数丁の鉄砲〈種子島〉がもたらされてから、ヨーロッパ人の想像や幻想をはるかに超える変化を遂げてしまった。

数十年という驚くべき短期間で、日本は戦国時代末期には世界最高水準の性能を持つ鉄砲を世界で最も多く生産、保有する国になった。したがって、西欧の侵略を許すことはなかったのである。

そんな日本が近代化を遂げる過程で欧米と大戦争を行ったのは、喜ぶべきか悲しむべきかは別にして、歴史の必然だったと自然に考えられる。日本人が大東亜戦争と名づけた、先の大戦争に敗れた昭和二十年（一九四五）に、建国以来の未曽有の危機に見舞われたことは間違いない。だが、今度は敗戦後三十五年たった昭和五十五年（一九八〇）には、戦勝国米国の庇護の下で日本は〈黄金時代〉を築き上げていた。

それは、昭和五十五年から始まる一九八〇年代のことである。

昭和五十五年（一九八〇）に日本は自動車の生産台数と鉄鋼の生産高が米国を抜いて世界一位となり、日本が〈ジパング〉として、西側陣営、自由主義陣営の経済、文化の中心となり、世界をリードするようになった。そして、活気に満ちていた日本から、絶えず新しい情報が世界中に発信されていたのである。

それまで地球上の誰もが考えつかなかったようなウォークマンやCDという製品をソニーが世に送り出し、世界の家電業界やエレクトロニクス産業をリードする。日本人デザイナーの斬新なファッションが話題を喚《よ》んで世界のモード界を席捲し、島田順子、山本耀司、川久保玲の三人が揃ってパリコレにデビューしたのも昭和五十六年（一九八一）だった。それらも〈同時代文化〉の日本文化として世界に認知されていくのである。

七〇年代に世界で初めて米国の排ガス規制をクリアーするCVCCエンジンを開発した本田技研は、昭和五十八年（一九八三）にF1グランプリに復帰すると、昭和六十年（一九八五）には史上最強のレーシングエンジンを造り出した。翌年にはホンダのF1エンジンでなければグランプリに勝てなくなってしまい、欧米の自動車メーカーやフェラーリ、ポルシェというヨーロッパ文化を体現して代表するスポーツカーメーカーまでをも震え上がらせてしまった。

昭和五十四年（一九七九）に「真夜中のドア〜Stay With Me」でデビューした歌手、松原みきは八〇年代に日本の音楽シーンで活躍したが、デビュー後四十年以上たった令和二年（二〇二〇）、世界がコロナ禍に見舞われていた中、世界中の音楽配信サービスでナンバー1ヒットを続けていた。同年四月十五日にYouTubeの松原みきの公式チャンネルに投稿された「真夜中のドア～Stay With Me」（https://www.youtube.com/watch?v=VEe_yIbW64w）は、令和六年（二〇二四）十月一日時点で、なんと一億四一〇〇万回以上の再生数を誇っている。

同じく昭和五十四年（一九七九）にデビューした竹内まりやの八〇年代のヒット曲も世界的に大人気となり、令和二年（二〇二〇）からこの二人が日本の八〇年代のポップスの世界的人気を領導して〈シティポップ〉という名称で二十一世紀の今、世界の新しい文化トレンドになっている。

本書で改めて後述するが、その理由は非常に単純で、当時の、七〇年代末から八〇年代の日本の大衆音楽のレベルが、スタジオミュージシャンの技量も含めて非常に高かったからだ。世界最高水準だった日本の音づくりのクオリティ、質が、当時はジャズやクラシックや坂本九の「上を向いて歩こう」などの少数の例外を除いて世界に伝わっていなかった。

だが、令和二年（二〇二〇）にはコロナ禍と音楽の受容形態の変化によって、アッと言う間に世界に広まった。

八〇年代の東京では、いつからか平日でも夜の十一時過ぎにタクシーを拾うことが困難になり、週末になれば午前三時過ぎになってもタクシーが見つからないという状態が続いていた。明るく、そして猥雑《わいざつ》で、透明感と開放感があった時代。躁状態で動き回り、片っぱしから仕事をこなし続けても、それでも、次々と新しい仕事が舞い込んでくる。そんなトランス状態の中で、未来がどこまでも開けていたと、誰もが錯覚した時代。それが八〇年代の日本だった。

〈ルンルン〉〈バブル景気〉〈お立ち台〉〈ボディコン〉……数え上げればきりがないほど、軽さと拡散志向の記号に囲まれたギラギラ輝く八〇年代に、実は、ポッカリと大きな暗い穴が見えない場所に空いていた。それを見落としていた日本人は、平成を迎えてから〈黄金時代〉を一瞬の〈幻〉にしてしまう。絶頂期の日本の裏側に、現在の日本の重大な危機を読み解く鍵が隠されていたのである。

なぜ、日本人はそれに気づかなかったのだろうか。実際、その時代を生きた私もそうだったが、未来への確かな実感も、過去への追憶も、躁状態の中で思いつくことさえできなかった。つまり、当時の日本人には、歴史感覚が完全に失われていたのである。

平成二十三年（二〇一一）の東日本大震災で天皇陛下（現・上皇陛下）のビデオメッセージが発せられた。そして、七年後の平成三十年（二〇一八）にも天皇という皇位を譲位するというビデオメッセージが発せられた。実は、それらの〈お言葉〉は、昭和二十年（一九四五）八月十五日の昭和天皇の玉音放送と同じ意味を持つものだ。天皇の詔勅、「みことのり」に他ならないからだ。そんな当たり前のことさえ気づく人はいなかった。そして二〇一九年には令和改元が行われ、第百二十六代徳仁《なるひと》天皇が即位された。

そんな時代の転換点を迎え、過ごしている私たちは、日本の〈黄金時代〉を築き上げていた八〇年代から、〈失われた三十年〉の中で呻吟し、もがき苦しむ日本の復興と再生、そして、新しい日本を創り出す手掛かりを、幾つか見つけ出せると思っている。

本書は平成二十四年（二〇一二）五月に祥伝社から上梓した『幻の黄金時代――オンリーイエスタデイ'80ｓ』を加筆し改訂したものだ。この度、完全増補版として読者諸賢のご要望にお応えできれば幸いである。

令和六年（二〇二四）十二月吉日　　西村幸祐

第三章　反日のはじまりと言論統制

第五章　左翼からサヨクへ　187

八〇年代を駆け抜け、生きた、全ての人たちへ
Ｓ・Ｎさんへ
そして、八〇年代を迎えることのなかった母の霊前に

序章

〈失われた三十年〉とは何か

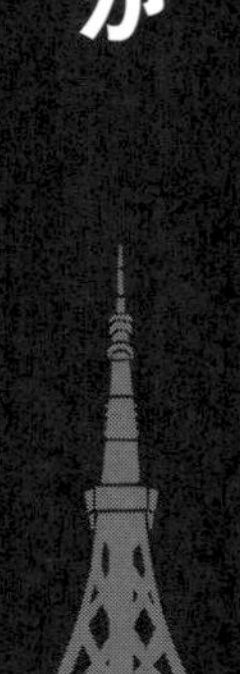

批評家の江藤淳は、自ら命を絶つ二年前の平成九年（一九九七）十二月に「日本 第二の敗戦」という評論を『文藝春秋　平成十年（一九八八）一月号』に発表した。ちょうどその頃からバブル崩壊後の日本が〈失われた十年〉と呼ばれるようになっていた。

戦後文学を代表する批評家であった江藤淳の死と〈失われた十年〉、そして「第二の敗戦」という言葉が妙に符合していた記憶がある。一つの時代の終わりと転換期であったことを象徴していたからだ。

実際、江藤淳が「第二の敗戦」を書いた平成九年（一九九七）には、日産生命、山一證券、北海道拓殖銀行、翌平成十年（一九九八）には日本長期信用銀行、日本債券信用銀行といった金融機関の破綻が相次ぎ、大手金融機関同士の合併・統合が進んだ。と同時にデフレーションが発生し、そのまま三十年近いデフレスパイラルの渦の中に日本人は飲み込まれ、もがき苦しんでいるのである。

ただ、その時代の流れと世の中の変化が長い歴史の中でどんな意味を持つのかを、同時代者はなかなか捉えることができない。いつの時代でもそうである。今、自分が存在している時代がどんな時代なのかを知るのは非常に難しい。二十世紀が終わろうとしていたあの時期に、〈失われた十年〉が今後どれだけ延長してしまうのか、真剣に考えた人はそれほど多くなかった。

ましてや、二十一世紀になってから、間もなく四半世紀も過ぎようとしている〈いま〉の時点で、〈失われた三十年〉という言葉が屡《しばしば》ジャーナリズムや歴史学、社会学などの分野でも取り上げられるようになるとは、ほとんどの人は想像もできなかっただろう。

しかし、それでも〈失われた三十年〉は、堂々と臆面もなく、当然のような顔をして、いまここにやって来て横たわっている。

〈失われた三十年〉とは何だろう？　一般的な解釈では、平成四年（一九九二）のいわゆるバブル崩壊から、日本の国内総生産ＧＤＰが一向に伸びず、勤労者の所得、実質賃金も全く上がらず、そのまま三十年間の長期デフレのスパイラルに陥ったことを指す。昭和四十二年（一九六七）には国民総生産ＧＮＰが英国を抜き世界二位になり、そのまま経済大国としてＧＮＰ二位を保っていたが、平成二十二年（二〇一〇）にＧＤＰが中国に抜かれた後、わずか十三年でドイツにも抜かれ、トップ三から転落した。円安ドル高などの影響も大きいが、日本経済そのものの超減速成長が何よりも影響している。

面白いデータがある。ＧＤＰが一兆ドル以上ある国が、その壁を突破したのはいつなのか？　それを年代順に並べた表（https://x.com/stats_feed/status/1671095709137793024）である。日本の〈失われた三十年〉が始まったのが平成四年（一九九二）のバブル崩壊の時期とすれば、非常に興味深い。

一九六九年にGDPが一兆ドルを突破した米国に次いで、日本は敗戦後三十三年の昭和五十三年（一九七八）にGDP第二位で一兆ドルを突破していた。第二次世界大戦の勝者で世界覇権を握った米国が一位だったのは当然だが、大東亜戦争の敗者で敗戦後六年八カ月も連合国に占領されていた日本が米国の九年後に二番手でGDP一兆ドル突破という離れ業をやってのけたのだ。

ここで一つ言えるのは、わが国の高度成長経済がいかに凄まじいパワーだったのかということだ。そしてそれを達成した日本人は、間違いなく大東亜戦争の前に生まれた世代であり、多くの仲間や恩師、教え子、そして家族、親戚を戦争で失った私たち日本人の先祖だった。私たちの両親や祖父母、Z世代など若い世代では曽祖父母の世代の日本人の精神

GDP1兆ドルを達成した国とその年度	
1969	米国
1978	日本
1986	西ドイツ
1988	フランス
1990	イタリア、英国
1998	シナ
2004	カナダ、スペイン
2006	韓国、ブラジル
2007	インド、メキシコ、ロシア
2008	オーストラリア
2017	インドネシア
2021	オランダ
2022	サウジアラビア
2023	トルコ

力と知性とエネルギーが、昭和五十三年（一九七八）という〈一九八〇年代〉を迎えようとする年に、ＧＤＰ一兆ドル突破を可能にしたのである。

このデータをＸ（旧ツイッター）にコメント付きで投稿すると、フォロワーの一人から以下のコメントが付いた。

《確実に戦争に行った大正生まれの人達が今の日本の礎を作ったと思う。

日本の為に戦地に行って、そのままの気持ちで日本を支えようと思っていた。

歴代経済団体の会長を見ると、大正生まれの人は、自分の企業の成長より、確実に日本の成長を目指していた。》

実に真っ当な返信だった。〈失われた三十年〉の正体とその原因を、何が日本の八〇年代までの黄金時代を可能にしたのかを考えることから、その答えの手掛かりを確かに摑んでいる。

この問題で深刻なのは、中国共産党という全体主義の、一種の巨大財閥のＧＤＰが日本を抜いた二〇一〇年と二〇二一年を比較すると、シナのＧＤＰは約二・九倍、一位の米国も約一・五倍に増えたが、日本は〇・八五倍と減少していることだ（世界銀行調べ）。その背景に、日本は全く賃上げが進まず、ＧＤＰの半分以上を占める個人消費が打撃を受けたのが最大の理由だ。

実際、バブル経済の崩壊は平成四年（一九九二）前後からなのだが、平成元年（一九八九）になってから、バブル崩壊と時代のドラスティックな変化を象徴する出来事やその兆しが、いたるところに見られた。

たとえば、美空ひばり、手塚治虫という戦後日本のソフトパワーの巨星が亡くなったのも平成元年（一九八九）であり、日本の奇跡的な戦後復興の立役者で、池田勇人内閣の所得倍増政策を立案した通産省事務次官で経済学者だった下村治が亡くなったのも平成元年（一九八九）だった。

前述したように、江藤淳の「第二の敗戦」が『文藝春秋』に掲載されたのが平成十年新年号なので、「第二の敗戦」という評論は〈失われた十年〉の到来とその経過を、同時代者の江藤淳が定義したものと読み解くことができる。

そして、平成十一年（一九九九）の江藤淳没後に、二十一世紀を迎えようとしていた日本は、〈失われた十年〉を〈失われた二十年〉に延長させてしまい、さらに令和の御代《みよ》に至って、平成の三十年間がすっぽりそのまま〈失われた三十年〉に収まってしまう時代の

各世代の若年期の経済成長率

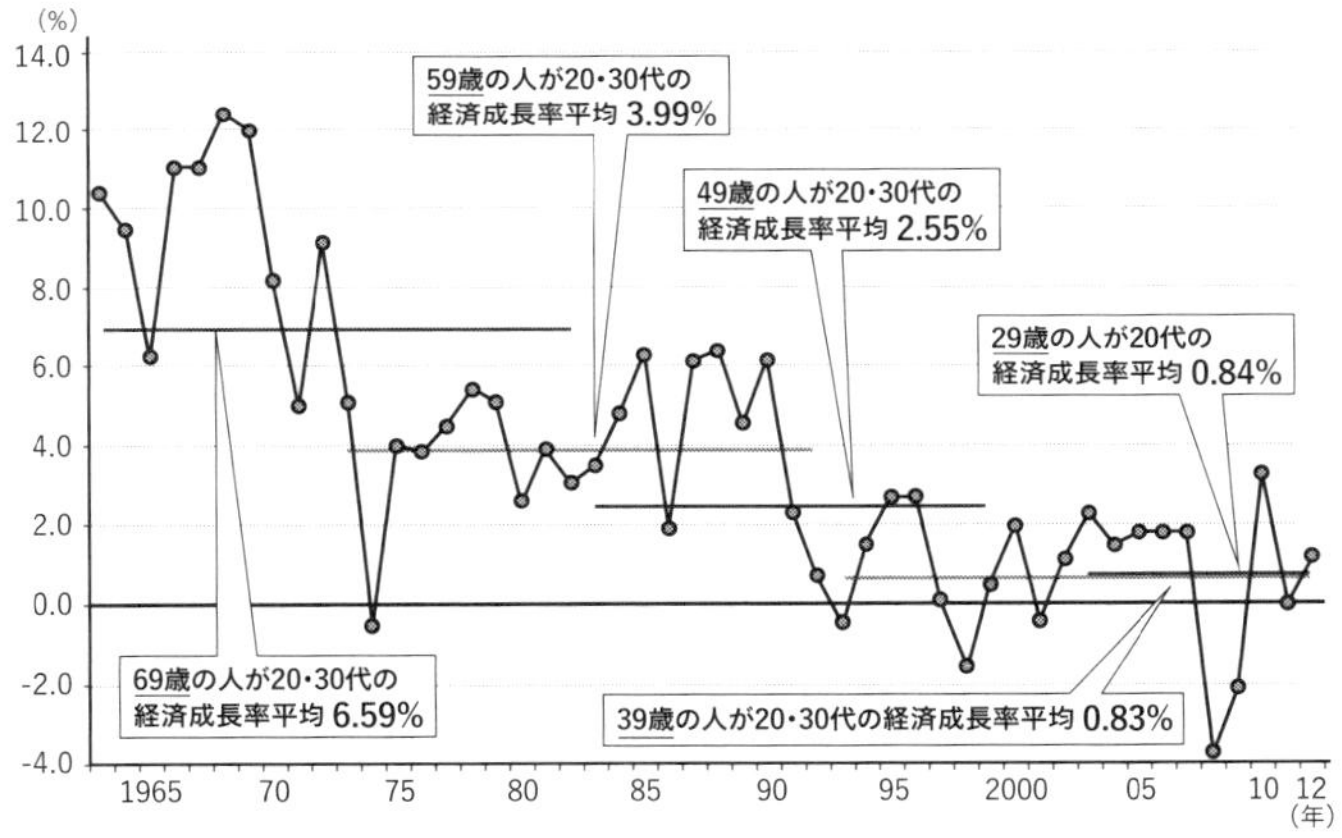

（注）1. 値は年度ベース。1980年度以降は1990年基準（68SNA）、1981～1994年度は2000年基準（93SNA）、1995年度以降は2005年基準（93SNA）に基づく。
2. 1995年度以降の値については2013年1～3月期四半期別GDP速報（2013年5月16日公表）による。
3. 年齢は2012年時点。

内閣府「国民経済計算」より国土交通省作成

流れになっている。

それでは、具体的に〈失われた三十年〉とは何か、と再び問えば、経済用語でいう長期デフレの時代に他ならない。経済成長が止まり、GDPは国全体でも、一人当たりでも全く上昇せず、物価も上がらないが賃金も上がらない、実質所得が減少する負のスパイラル現象に三十年以上もどっぷり漬かった状態に陥ったということだ。

この三十年間で日本の若年層は諸外国から比べると自己肯定感が著しく低下した。少し古いが、国土交通省の平成二十五年（二〇一三）のデータを見よう。

《このように厳しい経済状況を経験して

きた影響もあり、国土交通省が２０１３年3月に実施した国民意識調査において、10年後の社会に対するイメージを尋ねたところ、「不安がある社会」、「暗い社会」等と答えた者の割合は他の年齢層よりも高くなっている》(https://www.mlit.go.jp/hakusyo/mlit/h24/hakusho/h25/html/n1112000.html)

また、公益財団法人日本財団が令和元年（二〇一九）に公表した、インド・インドネシア・韓国・ベトナム・中国・イギリス・アメリカ・ドイツ・日本の九ヶ国の十八歳の若者各国一千名を対象とする意識調査結果に気になるデータがある。「自身について」という項目があり、「自分を大人だと思うか」「自分は責任がある社会の一員だと思うか」「将来の夢を持っているか」「自分で国や社会を変えられると思うか」「自分の国に解決したい社会課題があるか」「社会課題について、家族や友人など周りの人と積極的に議論しているか」と六つの質問が立てられているのだが、全てにわたって日本人は九ヶ国中最下位になっている。

中でも興味深いのは、「将来の夢を持っているか」という質問に対する結果だ。日本人は六〇・一％で、一見比較的高いように思えるが、韓国を除く七ヶ国の十八歳の九〇％以上が「将来の夢を持っている」と答えている。低かった韓国でさえ八二・二％なのだ。ちなみにランキングのトップはインドネシアで九七％が、夢がある、と答えている。

この自己肯定感の無さの理由は二つだろう。一つは、まさに〈失われた三十年〉がもたらした日本人への〈縮み志向〉と言える漠然とした否定感だ。前述した国交省の調査結果につながる。

もう一つは、日本人であることに肯定感を持てない教育とマスメディアの若年層への影響だ。「従軍慰安婦強制連行」という嘘が教科書に載った自虐史観がこの三十年間で日本の教育界に蔓延《まんえん》した。新しい歴史教科書をつくる会が発足したのが平成九年（一九九七）で、第二次安倍政権の平成二十六年（二〇一四）に「従軍慰安婦強制連行」を捏造《ねつぞう》した朝日新聞が記事を取り消し、社長が謝罪までしたのだが、それでも長年の痕跡は消えておらず、反日メディアは現在でも九〇年代、平成初期と同じような報道をする。

そんな様々な出来事を注意深く、正確に振り返れば、今の問題点を別の視点から眺めることが可能になる。

すなわち、〈いま〉を長い歴史の中に置く。そして長い歴史から〈いま〉を見る。〈いま〉の位置が遠近法の使い方によって見え方が変わってくるが、その変化も〈いま〉を捉える方法の一つになる。また〈いま〉から長い歴史を見るのも大切で、〈いま〉の捉え方

日韓の一人当たりGDP推移

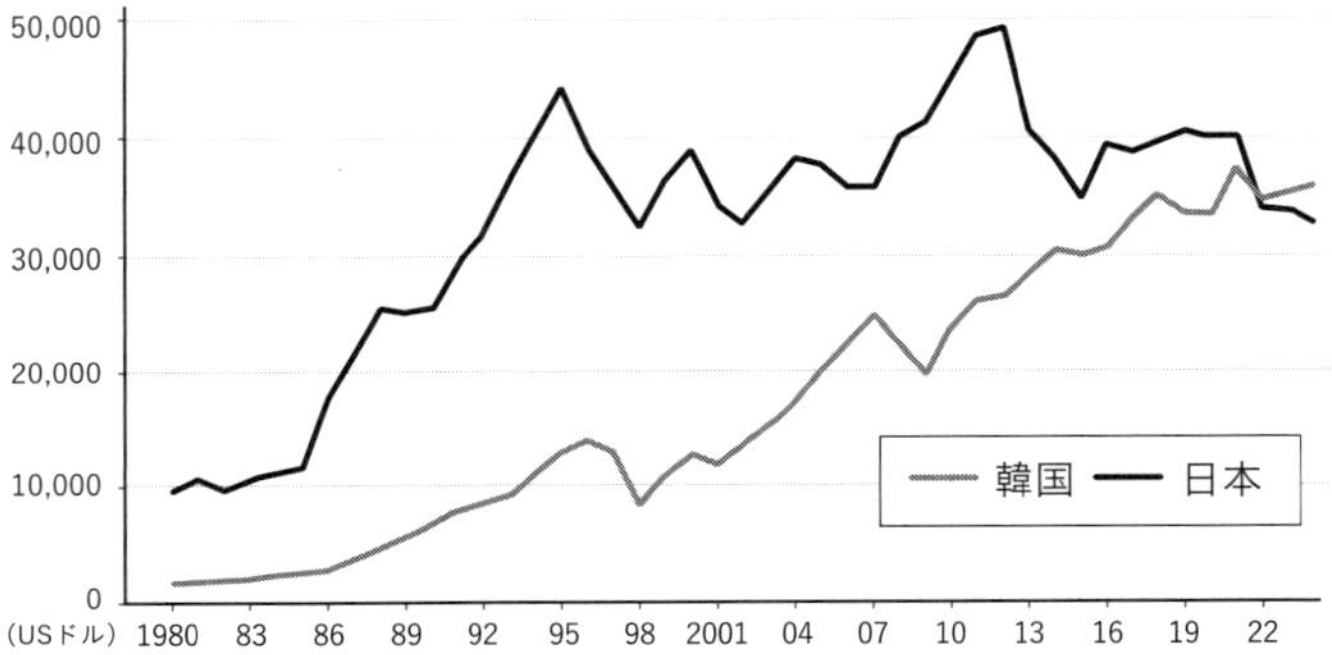

世界経済のネタ帳

の違いによって、長い歴史の意味も異なってくるのである。

ここで前述した江藤淳の「第二の敗戦」に言及しなければならない。江藤は日米戦争の停戦ラインが敗戦後五十二年、主権回復後四十五年も経つのに、さらに動いて米国国家安全保障会議によって日本が再占領されたという危機感を訴えた。日米安全保障条約の日米ガイドラインが自衛隊をどんどん米軍の組織に組み込んでしまい、自立性を失っていくという危機感だった。

興味深いのは、〈失われた三十年〉の副産物であるかのような前述した各種世論調査の結果が、江藤が危惧していた日本という国家そのものの自主性の喪失と重なっていることだ。本書ではそのメカニズムの姿が八〇年代を読み解くことで明確に見えてくると考えている。

米国の対外負債は二〇二一年度末で二〇六七兆三〇〇〇万円に上っている。驚異的な金額だ。一方、日本の対外純資産は三十三年連続で世界最大であり、令和五年（二〇二三）度末で四七〇兆円もある。不思議なことに〈失われた三十年〉に陥った日本が、対外純資産を増やし続けているのである。こんな馬鹿なことはない。国内で日本国家、日本企業や国民のために使われていないということだ。では、何のための対外純資産なのであろうか。

それは、莫大な債務を抱える米国のために使われていると考えるべきだ。日本は三十年以上も米国のキャッシュディスペンサーだったのではないか。国民の実質賃金が三十年も上がらない一方で、米国の超巨大債権を日本が支えているのである。連合国軍最高司令官総司令部（ＧＨＱ）が行った日本占領の永久化に他ならないのかも知れない。今年（令和六年〔二〇二四〕）の十月二十五日、韓国の有力紙、朝鮮日報は《韓国の一人当たり国内総生産（ＧＤＰ）が昨年に続き今年も日本を上回る見通しだ。国際通貨基金（ＩＭＦ）が二十四日に発表した。》と報じていた。

第一章

日本の黄金時代、
一九八〇年代と村上春樹

1

ジパングを造ろうとした日本人

八〇年代から何が見えるか？　世界のナンバーワンを目指す

かつて日本が眩《まばゆ》い宝石のように輝いていた時代があった。キラキラと極彩色の光を放ち、その煌《きら》めきはまるで回転するレーザービームのように、極東アジアの一角から世界の隅々を照らし出すかのようだった。日本が発信するあらゆる〈情報〉が世界に刺激を与え、特に文化と経済の分野で影響を及ぼしていた。と言っても、これは戦前の話ではない。[※注1]つい二昔前の、八〇年代の日本の姿だった。

オイルショックの危機を持ち前の勤勉さと克己心で乗り切った日本人は、エズラ・ヴォーゲルがまさに『ジャパン・アズ・ナンバーワン』（弘中和歌子他訳　阪急コミュニケーションズ）という少々こそばゆい書物を著した翌年の昭和五十五年（一九八〇）から、世界の「ナンバーワン」を目指す新しい時代に突入していた。

八〇年代は、間違いなくそのような時代であり、日本人に対して「お前は世界一なんだ」とメッセージを投げかける米国人学者の登場とともに始まったのだった。もっとも、ヴォーゲル教授は、ボストンから日本人へ、ただおべんちゃらを述べたのではない。むしろ欧米人に向けて「日本に学べ」と言ったのであり、それは必然的に日本を「ナンバーワン」の座から引きずり下ろす悪意も込められていた。

ちょうどその頃、米国ハーバード大学に留学していた元陸将の福山隆氏から聞いた話だが、ヴォーゲルは留学中の通商産業省（現・経済産業省）や外務省の官僚たちを自宅に招き、様々な議論をしながら、優秀ではあるが無防備な官僚たちから次々と〈情報〉を取っていたというのだ。その中に国家機密のようなものがあったかどうかは判断がつきかねるが、官僚たちは嬉々として詳細な〈情報〉をヴォーゲル教授に話していたという。危機意識のない日本人そのものの姿である。

八〇年代を振り返ると、妙に明るいパステルカラーと透明な未来が開けていたような時間があった。あの時代を生きた人々のそれぞれの環境の違いから、当然温度差や時差はあるだろうが、そんな明るくて透明感があり、ポジティブで活力が漲《みなぎ》った、そして猥雑《わいざつ》な時代を共有したという想いを否定する人はいないはずだ。

だが、ヴォーゲルの『ジャパン・アズ・ナンバーワン』が二重の意味を持っていたように、八〇年代の日本は、現在の混迷する二十一世紀・令和日本の病根の全てを宿していた。というより、時代を彩るパステルカラーの柔らかさに誤魔化された日本人は、明るい未来の幻覚を見続けたいがために、八〇年代に顕在化し始めた異臭に鼻をつまみ、視線をそらし、全ての問題と凶兆を見て見ぬ振りをして通り過ぎてしまったのだ。いずれ詳細に述べるが、昭和五十九年（一九八四）に書かれて、いまだに評価の高い『柔らかい個人主義の誕生』（山崎正和著・中央公論社）はその種の代表的なものではないだろうか。

戦略を持ち得た企業、持てなかった国

『ジャパン・アズ・ナンバーワン』のちょうど十年前の昭和四十五年（一九七〇）に、未来学者のハーマン・カーンが「二十一世紀は日本の時代」という大雑把なキャッチフレーズを唱えたとき、多くの日本人は半信半疑だったが、そんな米国人の言葉を真に受けた日本人も少なからず確実にいた。

それらの人々は、八〇年代にはヴォーゲルの「ナンバーワンとしての日本」というテー

ゼを具体的な目標として意識できた、この時代に五十代後半から六十代以上になった、当時の日本を動かしていた戦中派から戦前派の世代だった。つまり、戦前の日本を生きていた日本人ほど、日本を大東亜戦争の総力戦で文字通り灰燼《かいじん》に帰すまで叩きのめした米国からのメッセージを、違和感なく現実のものとして受け止めることができたのである。

それは、戦争を戦った世代ほど、戦後復興と六〇年代からの高度成長経済が、たとえ無意識であろうと、彼らにとって〈第二の戦争〉と呼ぶに等しいものになっていたからなのではないだろうか。少なくとも、確固たる国家観と世界観を意識した経験のある世代の日本人なら、それはすなわち大東亜戦争を自らが戦い、多くの貴重な友を、恩師を、先輩や後輩を、さらにかけがえのない家族を戦争で失った日本人ということであるが、「ナンバーワンとしての日本」という概念は当然共有できただろうし指針になったはずだ。しかも、欧米との「経済戦争」という言葉の「戦争」をリアリティをもって受け止めていた。

だが、政治家や官僚は「世界一」を目指していたわけではない。昭和三十五年（一九六〇）の日米新安保条約改定後、岸信介《のぶすけ》は身を引き、池田内閣の自民党政権は、〈六〇年体制〉という所得倍増計画遂行のためだけに汲々《きゅうきゅう》としていたと言っても過言ではない。これは占領期にフラッシュバックするような、吉田ドクトリンを継承する〈引きこもり経済発展〉とも言える。

では、なぜ、〈引きこもり〉の国策が、産業界の世界進出を結果的に支えることになる奇妙な構造を可能にしたのであろうか？　それは、じつは、冷戦下で米国の庇護の下、米国の利益を補完する西側陣営の主要国としての役割を担っていたからこそ、産業界のアクティビティを可能にしたからだった。

高度成長の後に訪れた社会は、六〇年代末期から「脱工業化社会」と呼ばれていたが、八〇年代の呼び名である「高度大衆社会」は、その後、「高度情報化社会」と呼称を変えることになる。政治家や官僚は社会の変化に産業の枠組みを適合させることだけで精一杯で、〈国家戦略〉を持ち合せる術はなかった。つまりこの時期は、企業経営者のみが〈国家戦略〉を持ち得ていた時代だった。さらに事態は悪化していて、二十一世紀を迎えた今、そんな経営者が財界でも少数派になってしまったことは言うまでもない。

昭和五十五年（一九八〇）に日本の自動車会社で初めて米国工場建設計画を発表したのが、最後発のメーカーの本田技研だったのはシニカルだ。米国ホンダのオハイオ工場稼動は昭和五十七年（一九八二）だが、米国に工場を建設して現地生産する計画を発表した昭和五十五年（一九八〇）に、本田技研は突然ヨーロッパＦ２選手権に参戦した。もちろん、近い将来のＦ１世界選手権復帰を睨《にら》んだ準備であった。六〇年代にＦ１世界選手権に参戦し、世界中を驚かせたオートバイメーカーが八〇年代に世界のモータースポーツシーンに復帰したのだ。

Ｆ１とは、Formula1（フォーミュラ・ワン）、規定、規格１であり、つまり、自動車レースの最高のカテゴリーと国際自動車連盟が決めたものだ。グランプリ（大賞）の歴史は古く、Ｔ型フォードが初めて量産された翌年の一九〇六年、ル・マンで行われたレースをフランス自動車連盟が自ら「グランプリ」と名づけたのが最初だった。

それ以来、ヨーロッパ各国でそれぞれの国の最も格式のあるレースを、英国ならイギリス・グランプリ、ドイツならドイツ・グランプリと呼ぶようになり、一九四六年にパリに国際自動車連盟（ＦＩＡ）が設立され、それらの各国グランプリをシリーズ化した世界選手権にしようということになったのだ。そして、一九五〇年、第一回Ｆ１世界選手権、イギリス・グランプリが行われ、Ｆ１の歴史が始まったのである。それだけモータースポーツはヨーロッパの文化の厚みを体現したもので、日本では一部の金持ちのマニアックなレースファンの趣味となっていた事情と大きく異なっていた。いや、正確に言えば、今でも大きく異なっている。

そもそもFIAがパリに誕生したということが重要なのである。当時、自動車の生産国第一位は当然米国だった。モータリゼーションと社会の近代化がほぼ同時の意味を持っていたのは米国だったのだ。

自動車の大量生産を成功させて庶民の足として普及させたのは米国だが、自動車を発明したのはヨーロッパだった。当然、クルマづくりのコンセプトが異なっていた。ポルシェ生みの親、フェルディナント・ポルシェが一九三六年、七年に米国を訪れているが、ヒトラーの要請でポルシェは国民車（フォルクスワーゲン）の量産に着手しようとして、大量生産工場を視察しヘンリー・フォードと会見したのだ。しかし、この時、二人の大衆車に関する意見は完全に対立する。ポルシェが考えていたフォルクスワーゲンの複雑なメカニズムにフォードは大反対だった。

このような文化的な差異がスポーツの分野で際立つのは興味深いことだ。サッカーやラグビーが米国で普及せず米国の人気ナンバー1スポーツはアメリカンフットボールであり、野球も世界的にはローカルスポーツである。

そういう意味でも、日本の自動車生産台数が米国を抜いて世界一位になったのが昭和五十五年（一九八〇）であることは極めて象徴的だ。本田技研はまだ二輪メーカーだった昭和三十九年（一九六四）にＦ１に参戦した。昭和四十年（一九六五）のメキシコ・グランプリ、昭和四十二年（一九六七）のイタリア・グランプリでホンダのＦ１マシンは優勝するが、これは本田宗一郎が破天荒な人物だから可能だったことであり、当時のわが国の自動車メーカーには想像もできない出来事であった。

今でこそ自動車の現地生産は当たり前になっているが、本田技研のオハイオ工場建設のニュースは世界中を驚かせた。と同時に、ヨーロッパでは伝統的なモータースポーツの世界に参戦することで、ハードウェアとしてのクルマそれ自体とソフトウェアとしてのモータースポーツという両面を押さえていた。そんな世界戦略を備えて本田技研は、ホンダになるための大きな一歩を踏み出した。

ソニーのウォークマンが世界を席捲し、ＣＤがレコードに取って代わったのも八〇年代だった。ウォークマンの発売は昭和五十四年（一九七九）で、世界初のＣＤを世に送り出したのは昭和五十七年（一九八二）だった。通産官僚と最も角突き合わせてきた歴史がある本田技研とソニーが、明るい音色のファンファーレを高らかに鳴り響かせ、八〇年代の幕開けを世界に告げた。

一方、トヨタはフォードと提携することで、米国での小型乗用車共同生産に乗り出すことを発表した。米国で自動車産業の不況が悪化し、経済摩擦が経済戦争と呼ばれるまでになったが、ここでヴォーゲルの『ジャパン・アズ・ナンバーワン』が日本企業の日本式経営を称揚した理由がよく理解できる。しかし、この時点で、日本人は近い将来に日本式経営を放棄せざる得ない状況に追い込まれるとは夢にも思っていなかった。日本の弱体化を意図する例の日米構造協議が始まったのは、ほぼ十年後の平成元年（一九八九）、冷戦終結宣言の翌年だったのである。実はソ連崩壊は冷静終結の二年後である一九九一年だったが、米国中央情報局・ＣＩＡは、ソ連崩壊からその主な情報活動のターゲットをソ連から日本へ変えることになったのだ。

「ああ、スポーツの空気だ。」来るべき時代を予見した広告

「ナンバーワン」と言えば、日本初の本格的なスポーツ誌、『スポーツグラフィック・ナンバー』（文藝春秋）が創刊されたのも昭和五十五年（一九八〇）だった。創刊号は「ナンバー１」と表記されたのだが、単なる偶然なのだろうか？

昭和五十八年（一九八三）にホンダはＦ１に復帰すると八〇年代後半には文字通り「世界一」となって世界中を席捲することになる。ホンダのＦ１エンジンでなければ絶対にレースに勝てない時代になると、欧州社会は次々とエンジンのレギュレーションを変更し、一九八九年には八〇年代のＦ１エンジンの主流だったターボエンジンそのものをＦ１から追放してしまった。

昭和五十五年（一九八〇）にわが国の自動車と鉄鋼の生産が米国を抜いて「世界一」になったのは極めて象徴的な出来事だった。その後、米国の自動車生産高が日本を抜いて世界一の座に返り咲いた平成五年（一九九三）、ホンダは第二期Ｆ１活動を終息させる。

面白いのは、令和六年（二〇二四）の今、米国最大の鉄鋼会社、ＵＳスチールを日本製鉄が買収しようとしていることだ。しかも二〇二〇年代の日本企業の米大企業買収は、八

文藝春秋発行の『ナンバー』創刊号（4/20）の表紙。当時CMでも創刊号は「ナンバーワン」とアナウンスされた

世界の大企業ランキング（上位50社）（2023年12月）

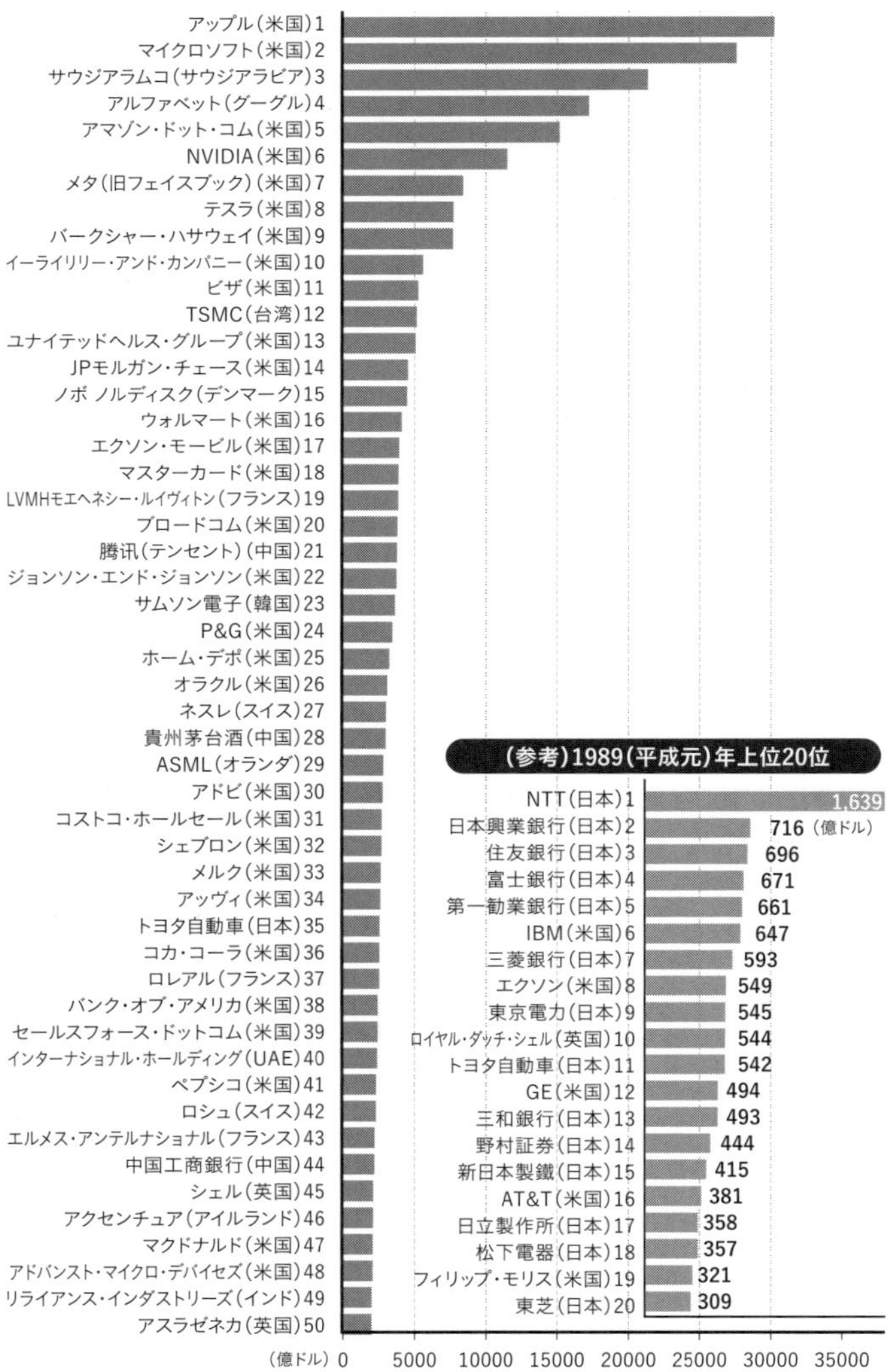

（注）P&Gはプロクター・アンド・ギャンブル、TSMCは台湾積体電路製造。（参考）1989年データは米ビジネスウィーク誌（1989年7月17日号）による。
（資料）companiesmarketcap.com（2023.12.8）、参考値はダイヤモンドオンライン（2018.8.20）

〇年代のバブルの力で米企業を次々と買収した時と違い、むしろＵＳスチール側が自らの存続のために望んでいるという事情があることだ。もしかすると、今の日本は八〇年代の日本よりいい立ち位置で日本企業が米国と関われる時代を迎えているのかも知れない。

本田技研が第二期のレース活動復帰を決定したのは昭和五十四年（一九七九）だったが、八〇年代の様々な予兆は当然のように七〇年代に見つけられる。村上春樹の『風の歌を聴け』（講談社）が群像新人賞を受賞したのも昭和五十四年（一九七九）だった。この小説は八〇年代を見事に予言したものだったが、同年の伊勢丹の広告キャンペーンで「ああ、スポーツの空気だ。」というコピーが来るべき時代を二つの意味で予見していたことも重要だ。

フリスビーが木立をバックに飛んでいる写真を全面に使用した新聞の一ページ広告は、土屋耕一の「ああ、スポーツの空気だ。」という名コピーが時代を鋭く

時代を感じる旧ロゴが右上にある　©ISETAN MITSUKOSHI

切り取っていたことと同時に、広告が従来のマーケティング活動と異なる〈文化としての広告〉という機能を持つことを意味していた。

もっとも、八〇年代に喧伝《けんでん》された〈文化としての広告〉という概念は、当時のバブリーな世相がもたらした倒錯したもので、『広告批評』という雑誌そのものが本来の意味での「広告批評」になり得なかったという低次元の自家撞着《じかどうちゃく》に過ぎなかった。しかし、『広告批評』を創刊した天野祐吉が当時から二十年以上にわたって文化人よろしく時々メディアに登場していたことは何を意味しているのだろうか？　そこには学習を怠り惰性で仕事をするジャーナリズムの衰退しか見つけられない。

なぜなら、広告を批評する基準は広告された商品もしくは企業の価値を高め、商品をどれだけ売ったかというマーケティング活動として評価されなければならないのだが、勘違いした広告クリエイターがマーケティング活動の一環である広告制作を、まるで文化活動のように思ったのは余りに子供じみた誤解だったからだ。つまり、〈文化としての広告〉とは、経済活動もたんに文化活動の一面に過ぎないということで、広告が文化である十分条件であっても必ずしも必要条件ではないのだ。

そんな単純な誤解が生んだ失敗した広告は当時に数多くある。映像だけは憶えていても何の広告だか思い出せないCM。コピーだけは憶えていても何の広告だか思い出せない広告。だが、その種の累々とした広告の屍《しかばね》も結果として八〇年代の文化であることには変わりはない。明るさの背後にある誤解。喧騒の裏に隠された虚無。八〇年代の日本の黄金時代が一瞬の幻であったという現実が、かくも大掛かりに覆い隠されていたのだ。

だが、とにもかくにも、「時代が僕を生んだ。キリンライトビール」という日暮《ひぐらし》真三のコピーは、昭和五十五年（一九八〇）の紛れもない文化であり、優れた広告でもあった。

山口百恵が引退し、松田聖子がデビューした昭和五十五年（一九八〇）とは、確かに大きな時代の分節点だった。ヘビーからライトへ。重厚長大から軽薄短小へ。そんな時代のトレンドに沿うように、団塊の世代を代表する二人の作家、村上春樹と中上健次が書く「Ｊａｚｚ」は、全く異なったジャンルのものだった。

村上春樹の店に行った午後

村上春樹と中上健次の「Ｊａｚｚ」に対する異なった位相は、八〇年代に東京のジャズ喫茶が次々と店をたたむか、リニューアルしていたことと見事に重なってくる。吉祥寺の老舗ジャズ喫茶「ファンキー」は六〇年代から七〇年代にかけて新宿風月堂文化とリンクするように一世を風靡《ふうび》していたが、八〇年代にはまるでフルーツパーラーのような明るさの中でジャズを聴く店に変貌していた。七〇年代まで薄暗い地下室の煙草の紫煙の中で押し黙って大音量のジャズを聴くスタイルだったのが、陽光の差し込む二階席でテニスラケットを小脇に抱えながらBGMとしてジャズを聴くスタイルになった。

昭和六十二年（一九八七）のベストセラー、『ノルウェイの森』（講談社）には新宿のジャズ喫茶「DUG」が重要な〈装置〉として登場するが、姉妹店の「DIG」は決して登場しない。恐らく「DIG」に入り浸っていた中上健次なら、「DUG」には決して足を運ばなかっただろう。村上春樹は自己の趣味嗜好《しこう》に誠実であったことは確かだが、『ノルウェイの森』ではかなり計算して確信犯的に「DUG」を登場させる。それが村上のスタイルであり、フォルムなのであり、文体にもなる。村上はウエストコースト派と呼ばれる白人が主流のジャズを好み、一方中上はコルトレーン以降の前衛ジャズか黒人主流のハードバップを聴いたのではないだろうか？

つまり、村上春樹は自己の嗜好にフェティッシュであることで、作品を時代を伝えるメディアにすることに成功したのであって、作品で伝えたい〈メッセージ〉と〈時代〉が見事に一致した幸運な作家なのである。それ以前は時代と寝ることは表現者としてあってはならならないものだという掟があったが、村上はごく自然に、自発的に、悪気なく時代と寝ることで人気作家としての地位を確立した。計算されたカマトトと言ってもいいのだが、それだけ村上作品を構成する意志は揺るぎのないものなのである。

『ノルウェイの森』のディテールに及ぶ注意力と構成力についてはいずれ述べることにする。それにしても、八〇年代の文学作品を、伝える内容のない空虚さを伝えるものとする一般的解釈は甚《はなは》だ疑問だ。八〇年代のポストモダン・ブームが、単なる流行に過ぎなかったことは後述するが、モダン化を成し得ていない状況で、どのようなポストモダンが可能だったのだろうか？　それはちょうど、真珠湾攻撃の半年後に行われた昭和十七年（一九四二）の『文學界』に掲載されたあの余りにも有名な座談会、「近代の超克」のアナロジーなのである。

福田《ふくだ》恆存《つねあり》はかつて、近代化していない状態で近代の超克などあり得ないと述べていたが、八〇年代のポストモダンという空騒ぎも、同じことだったのではないだろうか。日本にポストモダンがあるとしたら、それはまさに今現在、二十一世紀に立ち入った日本が直面している状況そのものだ。

一九八〇年十二月八日、真珠湾攻撃の日、ニューヨークでジョン・レノンが暗殺された。精神異常者による個人的犯罪だったが、ジョン・レノンの突然の死が世界中でリアルタイムに共有された衝撃になったということも、八〇年代を象徴していた。

その日、どんよりとした曇り空であったことを憶えているが、私はジョン・レノン射殺のニュースを聞いて、当時コピーライターとして勤めていた千駄ヶ谷の広告事務所を出て、よく通っていた「Peter Cat」というジャズ喫茶に足を向けた。いつも店にいる店主が前年『群像』新人賞を受賞した村上春樹であることを私は知っていた。

ジャズを聴かせる店はリクエストを受け付けるのが一般的だった。客のリクエストした曲を店がかけるのだが、七〇年代初頭までは客のリクエストに店主がお説教を垂れる店もしばしばあった。ジャズを聴く者には、求道が必要だった日本的面白さを思い出す。「Peter Cat」がリクエストを受け付けていない店であることは知っていたが、どうしても私は、ビートルズの曲をリクエストし、「Peter Cat」でビートルズを聴きたかった。村上春樹と言葉を交わしたことは無かったが、彼なら私のリクエストを受け入れると思っていた。根拠はまるでなく、よく行っているのだから顔ぐらい憶えているだろう、と勝手に思っていたのだ。

2 パリコレと拉致を繫ぐ、「風の歌」

Peter Cat とジェイズ・バー

なぜ村上春樹がリクエストの曲を掛けてくれると思ったのか、良く分からない。ただ、ニュースが伝わってから時間がたっていたので、彼もジョン・レノンが死んだことを知っていると確信していた。恐らく私は、一人のアーティストの死を悼む気持ちは、ある程度趣味が共通した人たちの間で共有されると思ったのだろう。

ただ、そう勝手に思うことができたのは、もしかすると八〇年代初頭までだったのかも知れない。まだ、日本の社会に〈常識〉というか、共通の基盤というのか、心のあり方について、見ず知らずの人同士でも同じ感覚を共有しているということを何の疑いもなく前提にしていたのだ。いや、そもそものような前提なしで、人間の社会が、あるいは日本人の社会が成立するとは誰も思っていなかったのかも知れない。

ビートルズの曲は多くのジャズミュージシャンがカバーしていたが、その中でも特に好きなゲイリー・マクファーランドの「And I love her」をリクエストした（ジョン・レノンの書いた曲ではないが……）。高校時代、私はボサノバのバンドを組んでいて、レパートリーにしていたアレンジだ。

「あ、それはないんです」と村上春樹は言った。

その答え方で、彼は〈あの音〉を知っていると確信した。学生時代に吉祥寺の「Ｍｅｇ」に行ったとき、店長の寺島靖国（現・ジャズ批評家）にバド・シャンクの「バド・シャンク・クァルテット」をリクエストすると、「あれは持って来てないよ」と言われたことがある。自分の本当に好きなレコードは仕事場には持って来ないよ、と舌を出されたような気がしたのだが、村上春樹もゲイリー・マクファーランドの「And I love her」のとんでもない〈カッコイイ音〉を知っているに違いないと私は直感した。

中学、高校時代に深夜聴いていたＴＢＳラジオの『ミッドナイト・ジャズレポート』のテーマに使われていて、初めて耳にしたときは、ビートルズがこんなサウンドになるのかと激しいカルチャーショックに襲われた。口笛のイントロを聴いたときに鳥肌が立ち、そのままメロディーがボサノバのリズムで刻まれながら口笛で導かれ、ヴィブラホーンとユニゾンになったまるで鼻歌のようなスキャットが始まると、知ってはいけない大人の世界を垣間《かいま》見たような気がした。洗練さと気だるさが同時に成立するお洒落な〈あの音〉は、それまで知っていた音とは全く異質なものだった。

「じゃあ、いいです」

聴きたかったレコードがないので、恐らくそう言ってから席に戻ったが、次の瞬間、私は驚くことになる。村上春樹が私のリクエストの代わりに掛けたのがビートルズナンバーだったからだ。サラ・ボーンの伸びやかな艶《つや》のある声が失意にある人を励ますメッセージを歌い出したのだ。

Hey Jude, don't make it bad
Take a sad song and make it better
Remember to let her into your heart
Then you can start to make it better
Hey Jude, don't be afraid
You were made to go out and get her

The minute you let her under your skin
Then you begin to make it better

おい、ジュード。あんまり悪く考えるなよ。悲しい歌だって、歌い方や聴きようによって明るくなるさ。おい、ジュード、怖がるなよ。……、とジョン・レノンがシンシア夫人と離婚した後、当時五歳だった息子、ジュリアン・レノンに捧げられた曲だ。村上春樹との会話はそれだけだったが、もしかすると、『風の歌を聴け』のジェイズ・バーの「ジェイ」と「僕」の会話に似ているのかも知れなかった。

オーセンティックな村上春樹と八〇年代

村上春樹は自我を露《あらわ》に作品に表出するのでなく、慎ましく表現するのだが、その匙《さじ》加減が絶妙で意識的で計算されたもので、そこに彼の文体を決める秘密がある。「Peter Cat」での彼はいつもボタンダウンのシャツかポロシャツを着ていて、所謂《いわゆる》ジャズバーの店主というイメージとはほど遠いものだった。そんな彼の実在が作品に投影されるのは必然的なことで、全てが彼の意識でコントロールされるものではない。つまり、絶妙な匙加減で処理しようとしても、村上春樹の自我や趣味嗜好が意識のコントロールを失って表出することもあるし、彼自身が時代に拘束されることは免れないのだ。

初めて彼を見たとき、ニートな人だと思った。ニートとは、もちろん少し前に盛んに使われていた「ＮＥＥＴ」(Not in Education Employment or Training)でなく、「ＮＥＡＴ」である。きちんとした、こざっぱりした、端正な、身だしなみのよい、という意味の言葉で、七〇年代を席捲したヒッピー文化へのカウンターとして、八〇年代にアメリカで盛んに使われ出した言葉だ。実際、昭和五十六年（一九八一）の資生堂の春のキャンペーンソングは、松原みきという二年前にデビューした歌手が歌った「ニートな午後3時」だった。もちろん、現在使われている「ＮＥＥＴ」ではなかった。その松原みきが、まさか四十年後の令和二年（二〇二〇）に世界を席捲する歌手になるとは誰も想像も及ばなかった。

武漢の中国共産党人民解放軍直轄の武漢ウイルス研究から何らかの理由で漏洩した人工ウイルスが世界的なパンデミックを引き起こし、世界中が恐怖に脅えていた二〇二〇年、松原みきが昭和五十四年（一九七九）にリリースした「真夜中のドア〜Stay With Me」がサブスクリプションの音楽配信サイトで大ヒットし、世界各国のチャートで軒並み一位を獲得していた。令和二年（二〇二〇）四月十五日にYouTubeに上がった「真夜中のドア～Stay With Me」は、令和六年（二〇二四）十月三十日確認現在で、なんと一億四一〇〇万回以上も再生されているのだ。

この松原みきとやはり昭和五十三年（一九七八）にデビューした竹内まりやの七〇年代末から八〇年代にかけてのヒット曲が世界中で人気となり、八〇年代の日本の大衆音楽が〈シティ・ポップ〉という名称で呼ばれるようになったのである。

シティ・ポップが八〇年代の日本のエネルギーや明るさ、そして洗練されたお洒落な感覚を想起させると感じる若いミレニアム世代とZ世代が世界に増えてきたのである。八〇年代の日本の都市文化を表すもので、昭和のアイドルソングにもその要素があると、二十一世紀になって世界の音楽ファンから認められて来たのは、実は当たり前だった。なぜなら、七〇年代後半から八〇年代の日本の音楽レベルが非常に高い水準にあったからだ、作曲、編曲のレベル、そしてスタジオミュージシャンのレベルが非常に高かったのだ。

ところで、私小説を否定し、寓話《ぐうわ》とメタファーこそ小説の神髄だということを信条とする作家でも、登場人物は作者の意識を投影したものであり、その上、作者のテイスト（趣味嗜好）を意識的に登場人物に表現させていれば、作者がいくらそういう読まれ方を否定しようと、作品を読み解くことが作家を読み解くことと同義になっても致し方ない。

田中康夫の広告コピーのようなタイトルの小説、『なんとなく、クリスタル』（河出書房新社）が第十七回文藝賞を受賞したのも昭和五十五年（一九八〇）だった。『なんとなく、クリスタル』には沢山《たくさん》の注が付けられ、それが珍しがられて話題にもなったが、注が付けられた外国語はミュージシャンだったり、有名ブランドだったり、ポップスの曲名だったり、それまでの純文学の語彙《ごい》にない言葉だった。

本人の意思だったのか、編集者の意向なのか、注が付いたいきさつは知らないが、逆説的に言えば、ただ単に新奇さを衒《てら》ったのではなく、見ず知らずの人同士でも同じ感覚を共有しているという社会の前提を信じようとしたから、田中康夫は注を付けたのではないだろうか？

前年昭和五十四年（一九七九）の『風の歌を聴け』には注はない。それは、村上春樹が「ビーチボーイズ」や「カリフォルニア・ガールズ」という単語が、すでに社会に共有されているという前提に立っていたからに他ならない。それまで、文化的なコンテキストとして除外されていたアメリカン・ポップスのバンド名や曲名などを意識的に彼は文化的コンテキストに組み入れたのだ。つまり、お墨付きを与えたのだ。

サブカルチャー論が花を開くのも八〇年代だが、じつは村上は『風の歌を聴け』で、いわゆるサブカルチャー論を昭和五十四年（一九七九）の時点で否定していたのだ。ことさらサブカルチャーだなどとジャンル分けをしたり、持ち上げたり、腐《くさ》したりすることを否定していたわけだ。なぜなら、彼はサブカルチャーのツールとして〈事物〉を扱ったのではなく、そこにある共有された言葉であるという前提で作品に織り込んでいるからだ。村上の〈テイスト〉を理解できない人、あるいは知らない人を拒否しているのではなく、社会の常識として普遍性のあるものとして初めから信じている。あるいは、信じているフリをしているのだ。

そこに彼のある意味のオーソドクシー（正統性）がある。オーソドクシーというか、オーセンティックと言った方がより的確だ。オーセンティック（Authentic）とは、まさに村上春樹が好む、昭和の言葉で言えばアイビールック、換言すればトラッドファッションを形容するキーワードである。私も所有しているシャツは全てがボタンダウンであるし、四十年以上意識的にそうしてきたので、村上のフェティシズムは理解できる。

ニューヨーク、東京、パリを繋ぐ八〇年代

だが、ここで問題になるのは、『ノルウェイの森』（昭和六十二年〔一九八七〕）で商業的にも、そして文壇的な、あるいはジャーナリズム的な意味で頂点を極めた村上春樹が、その手法でいつまで自分自身を、そして時代を描き切れるかということなのだ。そして、八〇年代の歴史を振り返る面白さの核心が、そんな村上作品の読み方とパラレルになっていることに改めて驚かざるを得ない。あるいは、村上は自分を描こうなどと思っていないという説もある。初期の村上論として優れた川本三郎の一連の評論はそのような認識が基底になっている。しかし、作家は自分しか描けないのも真実なのだ。

一九八〇年十二月八日にジョン・レノンが射殺される、ちょうど半年前に初めてニューヨークを訪れた私にとって、初体験ということもあったのだろうが、ニューヨークはまさに魔界境そのものだった。犯罪と喧騒と猥雑がメトロポリタン美術館やカーネギーホールに象徴されるアメリカの「オーセンティック」な環境を取り囲む様子は限りなく刺激的だった。しかし、その後、何回か訪れ、特に十年ぶりにニューヨークを訪れた平成八年（一九九六）に、腑《ふぬ》抜けのようになった魔界都市にいささか失望した自分がいた。何しろ、ブ

ロードウェイの五十丁目あたりを深夜十二時過ぎに女性が一人で歩けるくらいに治安は向上し、驚くことに、そこかしこに、コーヒーショップが点在していた。スターバックスの全国展開からアメリカでも普通のコーヒーが飲まれるようになったのだろうが、ここは、ニューヨークなのか？

この街を訪れたときは必ず行く、「ビレッジ・バンガード」は老舗《しにせ》のジャズクラブで、数々の歴史的名盤がライブ録音されたことでも知られている。

そんなジャズクラブでも一九九六年には喫煙エリアが設けられるようになり驚いてしまったが、なんと平成十一年（一九九九）に行ったときは遂に店内全てが禁煙になってしまったのだ。

「最近はミュージシャンが煙いと言うのよ」とビレッジ・バンガードの名物女性支配人が説明してくれたが、かつて麻薬を打ちながら演奏していたジャズ史の巨人たちはきっと天国かどこかで大笑いしているはずだ。

トランプ大統領の顧問弁護士としても知られ、二〇二〇年大統領選挙では不正選挙だと訴えていたジュリアーニ元市長の都市浄化策は見事に成功し、ニューヨークは八〇年代から九〇年代にかけて、深夜でも女性が一人歩きできる安全な街へと大変貌したのだった。

そしてそれは、九〇年代から治安が悪化し、凶悪犯罪と外国人犯罪（主に韓国人、シナ人によるもの）が怒濤のごとく増え続けた日本、そして東京とあまりに対照的だった。やはり、八〇年代に、今日の日本を読み解く全ての秘密の鍵は封印されている。

日本を代表するファッションデザイナーたちがパリコレに登場したのも八〇年代初頭だった。「JUNKO SHIMADA」の島田順子、「Y's」の山本耀司、「コム・デ・ギャルソン」の川久保玲の三人は揃って昭和五十六年（一九八一）にパリコレにデビューを果たしている。

現在、所謂「Cool Japan」と呼ばれている現代日本文化ブームの端緒を作ったのは間違いなくその人たちであり、彼らも、日出る国の象徴だった。パリコレでセンセーションを巻き起こし、評価されるということは紛れもなく現代の都市文化が評価されたということだ。浮世絵や茶の湯でなく、能でも歌舞伎でもない、同時代文化であることが重要なのである。それはまた、当時から十年ちょっと前の三島由紀夫への評価を継承するものなのである。

クリントン政権で国防次官補を務めたジョセフ・ナイが、ソフトパワーなどという言葉を拵《こしら》える前から、前節で紹介した〈ソフトウェアとしてのクルマ〉として全世界を席捲したホンダF１チームと同位相で、三人の日本人デザイナーがパリで絶賛を浴びていたのだ。

だが、残念ながら、それ以降四十年以上経過しても新たなデザイナーがパリコレで評価されたという話は寡聞《かぶん》にして知らない。彼らの後継はマンガ、アニメとジャンルを変えて世界的に評価されることになるが、その潮流を牽引したのは九〇年代になってからの『ドラゴンボール』の鳥山明であった。

都市論としての北朝鮮「拉致」

都市は明るさと煌びやかな顔を見せながら、その陰に絶えず凄惨《せいさん》な暗さを併せ持つ。それは、人間の生きる場が極度に集積された都市の機能でもある。九〇年代にニューヨークが世界一危険な街という汚名を返上できたことは、もちろん良いことで多くの人に歓迎される。老舗のジャズクラブで煙草も喫えなくなることも、健康的なことなのかも知れない。しかし、それは一面の正しさに過ぎず、危うさや汚さや不健康な面もなければ、一個の有機体としての都市の生命は枯れてしまう。

とは言っても、ニューヨークより危険になった東京がニューヨークより健全なのかと言えば、そうであるはずがない。むしろ東京は犯罪は別にして表面だけがニート（ＮＥＡ

T）になり、都市の闇も八〇年代のバブル期に地上げや区画整理によってことごとく除去され、殺菌されたような街に変貌し続けている。そして、問題なのはクリーンで安全な東京の表層の下で、本当に危険な魔界都市としての性格を色濃くしているのが現在の東京であり、日本全国の均一化した都市化であるということだ。実は、八〇年代の年が明けたばかりの昭和五十五年（一九八〇）一月七日、産経新聞が一面トップでこのように報じていた。

《アベック三組ナゾの蒸発　外国情報機関が関与？
昭和五十三年夏　福井、新潟、鹿児島》

記事では、富山県の未遂事件も含め、これら三件のアベック蒸発事件が起きたとき、外国を発信源とするスパイ連絡用の怪電波が急激に増えたという事実も触れられていた。しかも、その事実が警察によって確認されていることまで書かれていた。注目すべきは、当時、産経新聞でも北朝鮮と書けなかったことと、今から三十二年前に警察当局は拉致を認識していたということだ。驚いたことに、他メディアは全てこの記事を黙殺し、どこからも後追い記事が報じられなかった。何かが情報を封印したのは明白だった。

福井、新潟、鹿児島という地方都市の事件は、実は東京の都市の闇の深さに繋がっていた。この三件はもちろん、平成九年（一九九七）二月三日に産経が報じて明るみに出た横田めぐみさんの件を含め、総被害者が四百人にも及ぶと言われる北朝鮮による拉致という侵略テロは、東京の中心に位置する朝鮮総連が張り巡らせた闇の情報網に繋がっていたのだ。そして、メディアや政治家に及ぶ暗黒の力は、八〇年代の日本のノンシャランな表面の明るさとは裏腹に、全ての情報を葬りながら、日本人を密かに囲い込む柵が作られていたことを示唆してくれる。

昭和五十五年（一九八〇）五月には、スペインで松木薫さん、石岡亨さんが拉致され、六月には原敕晁《はらただあき》さんが辛光洙《シンガンス》によって宮崎県内で拉致された。これらの事実を私たちが知ることができたのは、それから二十二年も経った平成十四年（二〇〇二）の小泉訪朝後のことなのである。

〈あの音〉を知っていた村上春樹は、会話をしたこともない常連客らしい一人の客のために「ヘイ・ジュード」を掛けてくれた。それは紛れもない事実だ。しかもそれは、文体でなく現実の行為だった。作品のスタイルが内容そのものであり、現実世界や連続する時間軸、あるいは歴史を共有できないという前提が村上の作品であるなら、それも、じつは、そういうフリをした作家の意図だったのかも知れない。つまり、嘘の中に二重の嘘を塗り込めることで、危ういリアリティを村上の小説は獲得していたのだ。そんな複雑な回路を経ることで、村上は〈現実〉に関与していたのだ。

「風の歌」は〈あの音〉に通じていたかも知れないが、当然、直接的に拉致問題をはじめとする日本の危機を伝える「歌」ではなかった。だが、もしかすると、言葉や時間を共有できない世界があると批評家に語らせることで、八〇年代の村上作品は、メタファーとして日本の危機を伝えていたという仮説も成り立つ。

そう考えれば、「風の歌」も一九六八年のプラハの春でソ連への抵抗のシンボルになったマルタ・クビショヴァーの「ヘイ・ジュード」が、一九八九年のチェコスロバキアのビロード革命で再度力を得て、ソ連崩壊への動きを加速したことと、それほど対照的ではないのかも知れない。

3

明るいパステルトーンは、二十一世紀日本の病巣だった

性が拡散し、希薄化した八〇年代

ところで、村上春樹が八〇年代に嘘の中に二重の嘘を塗り込めることで獲得できた危ういリアリティは、どこまで有効だったのだろうか？　登場人物の夥《おびただ》しい死と失踪が村上作品の特徴だったが、当時、安易に作中人物を殺し過ぎたのではないかという批評はなかったのだろうか？

ただ、もし〈日常としての死〉がほとんどの人にアルベール・カミュの『異邦人』の冒頭に描かれたような意味しか持ち得ないものになっていたのなら、〈死〉そのものが変哲のない日常に融解してしまう時代に私たちは生きているのかも知れない。

とすれば、そういう時代を逆手に取ったのが村上作品の〈死〉の意味なのだ。それと同

時に、不必要に性行為をする登場人物たちも、〈性〉と過剰に関わることで、〈日常としてのセックス〉を逆説的に否定しようという意図があったのかも知れない。

つまり、村上春樹にとっての〈死〉と〈性〉は、戦争がない日本の日常と七〇年代から席捲したフリーセックスのもたらす弛緩した空間を象徴したものなのだが、それと同時に、そこまで薄められ希薄になった〈死〉と〈性〉を過剰に描くことで、何らかの手応えを得ようとした試みだったのではないだろうか？

現実の中でリアルに感知できない〈死〉と〈性〉を素手で摑み取るために、皮膚感覚で実感できるために、そして、魂を揺さぶられるまで、失われた〈死〉と〈性〉の実在と向き合うために、作中人物たちの夥しい死と、体臭や汗もないスポーツの領域にも入らない、日常行為としてのセックスが必要とされたのだ。そして、作中人物のたびたびの失踪も、日常と非日常を繫ぐ回路として物語に用意されなければならなかった。

村上春樹としばしば対比させられる村上龍も〈死〉と〈性〉を過剰に描くが、彼らの描く〈性〉は明らかに異なっている。村上龍は〈性〉を〈性〉として描こうとするが、村上春樹の〈性〉はメタファーとして描写される。しかし、八〇年代の時代空間が〈性そのもの〉を希薄化しバーチャルにして行く過程の中で、それゆえ〈性〉にきちんと向き合いたいという衝動は二人の作家に共通したものになっている。方法論が異なっただけなのだ。二人の危惧の通り、二十一世紀には商品化された〈性〉のみならず、日常の〈性〉までもが現実と仮想現実（バーチャル）を区別なく行き交い、インターネットを介在する仮想現実セックスまでを可能にした。

その萌芽が八〇年代に出現したテレクラというメディアだった。テレクラは売春の温床になっただけでなく売春の大衆化、個人化を急速に促し、『あらゆる女は妖婦である』（モーリアック）どころか、「あらゆる女は娼婦である」可能性を提示し、それと同時に〈性〉を目的とするコミュニケーションを実現させてしまった。「セックスコミュニケーション」と名付けてもいいのだが、男女、あるいは男＋男、女＋女でセックスの享受を用意する場として、セックスコミュニケーションの新しい簡便なツールとして、機能し始めたのだ。七〇年代までは〈性〉の趣味嗜好を楽しんだり同好者を募《つの》るツールは印刷メディアしかなかったのだが、八〇年代から新しいメディアができ、興味を持つ人々も増大したと考えられる。テレクラが個人の電話と電話を繋ぐ「ツーショット」に変化し、やがて訪れるインターネット社会を予感させるコンピュータ通信の世界にも拡散したのは八〇年代末期だった。

先の問いに戻るのだが、これほどまでの人と社会の変化の中で、嘘の中に二重の嘘を塗り込めてリアリティを獲得したところで、現実と関わることには限界が訪れるのではないだろうか？　そして三重の嘘、四重の嘘までつかなければならない、恐ろしいほど根気が要る作業と手続きが、虚構を構築するために必要とされていたのだ。

「鼠」と決別した村上春樹

このように八〇年代に始まった〈性〉の自由化が拡散すればするほど、逆に〈性〉が不自由になるという現実からの逆説的な復讐に対して、人間は耐えられなくなり、さらに細分化、個人化、趣味化、嗜好化された〈性〉を求め続けるという地獄のスパイラルに堕ちこむことになる。まるでシジフォスが岩石を山頂に運び続けなければならないように、多くの人に〈快楽〉を求め続けなければいけない苦行が課せられてしまったのだ。

そんな社会の変化の中で、小説がリアリティを獲得し続けて行くのは並大抵の作業ではない。

昭和五十七年（一九八二）に『羊をめぐる冒険』（講談社）で第四回野間文芸新人賞を受賞した村上は、新進作家としての地歩を揺るぎないものにした。学生時代から経営していたジャズ喫茶「Peter Cat」は前年知人に売却するが、村上は『風の歌を聴け』で「ジェイズ・バー」というバーをメインの舞台とすることで「僕」や「鼠」に自己を投影していた。「鼠」は「僕」と心を通わすことができた唯一の友人だったが、『羊をめぐる冒険』で「鼠」は謎の自殺を遂げる。「鼠」を殺さなければ、「僕」は次に進めなかったからだ。村上が実生活でも店主をしていたジャズ喫茶を手放したこととシンクロするのが興味深い。『風の歌を聴け』のエピローグで「僕」は「鼠」に触れてこう書いている。

《鼠はまだ小説を書き続けている。彼はその幾つかのコピーを毎年クリスマスに送ってくれる。昨年のは精神病院の食堂に勤めるコックの話で、一昨年のは『カラマーゾフの兄弟』を下敷きにしたコミック・バンドの話だった。あいかわらず彼の小説にはセックスシーンはなく、登場人物は誰一人死なない。》

つまり、〈死〉と〈性〉に関して村上作品と対極の小説を書き続けていた「鼠」を奇妙な自殺で葬ることで、村上は『羊をめぐる冒険』で決意表明を行ったわけだ。それは、村上の内にある「鼠」的なるものへの決別宣言であり、作家としての自立のマニフェストだった。その結果、村上の《小説にはセックスシーンはなく、登場人物は誰一人死なない》ものにはならなかったのだ。

『羊をめぐる冒険』が書かれた昭和五十七年（一九八二）、伊勢丹の広告キャンペーンは「HEALTHY & SEXY」だった。『風の歌を聴け』が書かれた三年前のキャンペーンコピーが「ああ、スポーツの空気だ。」だったことは前述したが、名コピーライターの土屋耕一は「スポーツ」が「SEXY」に変化して行く時代の空気を鋭敏に捉えていた。

ヘルシー&セクシー

しかし、面白いことに〈性〉を扱うという点において、土屋耕一のコピーは村上春樹の決意表明と重なったのだが、その〈性〉の位相は微妙に、少しずつずれていたのである。

昭和五十四年（一九七九）の伊勢丹のコピーはこう書く。

《大統領が走る。髪を束ねた若者が走る。地球の朝は、熱いスポーツの空気とともに明けていく。ことしこそ私たちも、スポーツのある３６５日を。

ファッションだって、そうです。衣服はもうボタンをきっちりはめることで体に合わせるのではなく。肉体のしなやかさが、着るものと一体化する。——つまり、フィットネス——そこに評価の目が向けられるのです。衣も、食も、住も、そのすべての場に清新な、

若い、スポーツの空気をいっぱいとり入れましょう。伊勢丹も大きく深呼吸して、今日から初売り出し。》

そして、「HEALTHY & SEXY」が伊勢丹のキャンペーンコピーになった昭和五十七年（一九八二）、ボディコピーはこう綴られていた。

《ことし一年、使うことが多くなる言葉です。

HEALTHY & SEXY——一年のはじめに、ことし使うことが多いと思われる二つの言葉「ヘルシー」と「セクシー」について、その意味を確かめ合っておきましょう。ちょうど、待ち合わせる二人がお互いの時計の針を合わせておくように、かつて男たちが異性を眺める露骨な視線とともに口にしてきた、あのセクシーが、いつの間にか若い女性の喫茶店のおしゃべりにも入ってきてしまった。あら、そのブラウスはセクシーね。往年のハリウッド映画でよく見た、ピンクのデシンでタイトに腰を包んで歩く、あのセクシーの図柄もかなり褪色してしまった、と思う。いま、私たちがこの言葉から思いつく映像は、もっと開放された風景の中にひろがる。それは健康で、よく陽やけした皮膚の、あの眩しさなのですね。ヘルシーで。セクシーで。そう言えば、昔はどちらかと言えばお互いが反目していた感じの、この二つの言葉が、いまは同じ木のベンチに並んで座っている。そして、このヘルシーもまた、洗って乾かしただけのシャツのように、無味乾燥なものではなくて。その、きたえられた筋肉の動きの中に、美しくゆれるセクシーの炎が求められている。（略）ことしの暮らしの中で、セクシーと、ヘルシーとは、もう同義語と言っていいかも知れない。（略）ことしは、ヘルシーで、セクシーな年。》

村上作品の〈性〉は、少なくとも昭和六十二年（一九八七）の『ノルウェイの森』まで「セクシー」であったことはなかった。それは「僕」が煙草を喫ったり、ビールを飲んだり、ビーチボーイズを聴くのと同じ位相の行為であり、ほとんど意味づけされないという意味で意味があるような〈性〉だった。したがって、一つひとつの行為の希薄さを補う分だけ、「僕」には頻繁な〈性〉が必要だった。

しかし、土屋耕一が伊勢丹の企業メッセージに託した《昔はどちらかと言えばお互いが反目していた感じの、この二つの言葉が、いまは同じ木のベンチに並んで座っている》という感覚に村上春樹の〈性〉は繋がるものがある。土屋耕一は「セクシー」と「ヘルシー」の二つの言葉をお互いに相対化することで二つの言葉に新しい意味を与えてくれた。一方、村上春樹は〈性〉を日常の中の風景に無造作に放り込むことで、全てを無意味にすることに執着していたのだ。

それから四十年後の今、もし伊勢丹の「HEALTHY & SEXY」を同じコンセプトで広告コピーにすれば、「フィジカル＆フェティッシュ」という言葉に置き換えられるのかも知れない。そう考えれば、三十五年前にずれていた村上作品の〈性〉と伊勢丹の「セクシー」は、二十一世紀の混沌とする日本社会で、初めて顔を見合わせ、《同じ木のベンチに並んで座っている》のかも知れない。

昭和五十七年（一九八二）のネアカに潜む暗い影

前年の昭和五十六年（一九八一）、本田技研はヨーロッパＦ２選手権で参戦二年目にしてチャンピオンを獲得する。ラルト・ホンダを繰るジェフ・リースがチャンピオンに輝いたのだ。当時、欧州のモータースポーツはＦ１を頂点にＦ２、Ｆ３とヒエラルキーを構成するカテゴリーが築かれていて、まずホンダはＦ２のエンジン供給からレース界に復帰した。

一九八二年シーズンは振るわなかったものの、一九八三、一九八四年とＦ２世界選手権を席捲し、ホンダＦ２エンジンでないとレースに勝てなくなると、それまで各チームにエンジンを供給していたＢＭＷがＦ２エンジンの供給から撤退してしまった。

その結果、Ｆ２のカテゴリー自体が消滅してしまうという事態になったのだが、この出来事はヨーロッパに衝撃を与えることになる。それは、ホンダの技術力を世界に示したということだけでなく、八〇年代中盤からの日本脅威論にも繋がって行くのである。少なくともこの時点で、紛れもないホンダの技術力の高さとヨーロッパにとっての日本文化の異質性を印象づけていた。

当時、日本はオイルショックで高度経済成長の「成長」は息の根を止められた後、それでも三％の経済成長率を保持していた。名目四・九％、実質でも三・一％の経済成長率だったのだ。

一方、欧米の景気は停滞し続け、保護主義的な傾向を強めていた。アメリカの高金利を主因とするドル高のため、自国平価維持の上から金融緩和等思い切った景気刺激策が採れなかったからだ。連帯の蜂起によるポーランドの政情不安もあり、ＥＣ全体の実質ＧＤＰ成長率は一九八〇年の一・四％に続き、一九八一年はマイナス〇・五％で、ＯＥＣＤ（経済協力開発機構）加盟国全体でみると、一九八二年の経済成長率は〇・六％のマイナスになっていたのである。

ソニーのウォークマンが世界市場をリードしたヘッドホンステレオという新しいコンセ

プトの商品は完全に世界の先進国に普及し、その後十年でレコードを消滅させてしまったCDが発売されたのも昭和五十七年（一九八二）だった。四十年前は、現在のアップルのようにソニーが常に新しい概念の製品を発表し、世界中を牽引していたのである。

また、田中角栄の置き土産であるロッキード事件全日空ルート裁判で橋本、佐藤被告に有罪判決が下され、政界に衝撃を与えたのが六月八日で、その二週間後の六月二十三日に東北新幹線、そして十一月十五日に上越新幹線が開通したのはあまりにシニカルだった。

トヨタ自動車工業とトヨタ自動車販売が合併し、トヨタ自動車が発足したのは七月一日で、この昭和五十七年（一九八二）に日本全体が来るべきバブル経済の狂乱へ向けて明るさの中をひたひたと走り続けていた。ビートたけしなどの『オレたちひょうきん族』というテレビ番組が話題を呼び、この年の流行語は、「ルンルン、ひょうきん、気持ちんよか、やったね、ネクラ、ネアカ、逆噴射、心身症、ほとんどビョーキ、ヘンタイよいこ」などだった。

八〇年代の活力に満ちた時代空間を象徴する、のんきに明るいパステルトーンの流行語を見ただけで、今から思えば、何ともはや言い難いのだが、当時を生きていた日本人で、もう一方の時代の流れを冷静に見抜く人は極めて少数だった。

もう一方の時代の流れとは、今日の二十一世紀日本の惨状を準備する種が蒔《ま》かれていたことだった。じつは、八〇年代になったばかりの昭和五十五年（一九八〇）十一月に経団連が教科書批判レポートを発表していた。当時の歴史教科書が自虐的になっているという批判だった。当時の経団連では戦前の日本を生きていた財界人がまだまだ現役で主流を成していたから、たとえ唯物史観、あるいは反日史観で歴史を捉える風潮があっても、胡散《うさん》臭《くさ》いものを見抜くことが可能だった。それは何も経団連だけでなく、日教組の中にもそのような歴史認識が生きていたと言うことも可能だ。

おりしも家永教科書裁判の第二次訴訟の審理を最高裁が高裁に差し戻した二カ月後の六月二十六日、日本の新聞各紙が、翌年の昭和五十八年（一九八三）度用高校社会科教科書の検定で、文部省（当時）が「侵略」という記述を「進出」に書き換えさせたと嘘の報道をしたのだ。

中国共産党系の新華社通信や韓国メディアもトップでこれを伝え、大騒ぎになったのだが、じつはこの年の九月に鈴木善幸首相が訪中することになっていた。その二十五年後、安倍首相の訪米を控えた平成十九年（二〇〇七）に米国で騒ぎになった慰安婦問題と何か同じ構造が見えるのは私だけであろうか？

この「教科書検定書き換え報道」は、新聞各紙の誤報だったのだが、メディアの誤報や偏向が大きく外交問題を左右する武器として機能することを明らかにした最初の例となったのである。産経新聞は謝罪記事を九月七日付朝刊**《「読者に深くおわびします」教科書問題「侵略」→「進出」誤報の経過》**のという七段の囲み記事で掲載した。朝日でさえ九月十九日付の「読者と朝日新聞」という中川昇三社会部長名の四段の囲み記事で、**《「侵略」→「進出」今回はなし》《教科書への抗議と誤報　問題は文部省の検定姿勢に》**と報じている。

朝日はすでに本多勝一が南京虐殺を無理やりでっち上げた「中国の旅」を連載し、反日史観を社是としていた。したがって、《一部にせよ、誤りをおかしたことについては、読者におわびしなければなりません》としながら、《ことの本質は、文部省の検定の姿勢や検定全体の流れにあるのではないでしょうか》と、文部省に問題があるかのように書くことは忘れなかったのである。この鼻持ちならない傲慢さと詭弁《きべん》をいとわない自己反省能力の欠如は、四十年後の今でも全く変わっていない。

注1　ここでこのような注を挿入しなければならないほど、現在の日本人は不幸なのだが、この時代には確かに残っていた〈常識〉が二十数年で失われたのは悲しいことだ。「宝石のように輝いていた」日本を「戦前の話ではない」と書いた時点で、読者の中には文脈に違和感を覚える人もいるのではないかという疑念がある。というのも、世代に関係なく、戦前の日本＝暗黒時代と単純に考えている日本人が少なからず存在し、増殖しているからだ。もっとも、この注が必要なければ、この拙論も書かれなかったのかも知れない。

第二章

底抜けに明るい「柔らかい個人主義」

1　異常犯罪と柔らかい個人主義

ある中学生の自殺

盛岡駅のすぐ側《そば》に、全国のどこにでもあるような地方都市特有のデパート、「フェザン」があった。このデパートの地下一階男子トイレで、子供の縊死体《いしたい》が発見されたのは、全国の公立中学で校内暴力が吹き荒れた昭和五十八年（一九八三）からちょうど三年後のことだった。寒い日だった。昭和六十一年（一九八六）二月一日、午後十時過ぎに、巡回中のガードマンが遺体を発見した。まだあどけなさが残る死に顔で発見者は児童と勘違いしたのだが、ビニール紐をトイレ内側の洋服掛けに掛け、縊死していた少年は、東京都中野区に住む鹿川裕史《しかがわひろふみ》君（十三歳）だった。床には鉛筆書きの遺書が残されていた。驚いたことに鹿川君は一人で東京から盛岡まで、自殺するためにやって来たのだった。

中野区立中野富士見中学校二年の鹿川裕史君の自殺は、今では考えられないほど各メディアが大報道し、日本中を震撼《しんかん》させた。それは、この少年の残酷な縊死の原因が、学校でのいじめであること、さらに教師も加わった葬式ごっこも行われていたことも次第に明らかになったからだ。学校内のいじめで、あどけなさが残るわずか十三歳の中学生が自殺することが、当時の日本では大事件だったのだ。一方で東京都町田市の忠生中学が校内暴力のメッカとして有名になっていて、彼が自殺する三年前の昭和五十八年（一九八三）には、全国で一三〇〇の中学校の卒業式に警官が立ち会うという異常事態になっていた。

この事件を契機にしていじめが大きな社会問題としてクローズアップされたが、令和六年（二〇二四）の現在、この三十八年間で事態がますます深刻になっていることが分かる。現在、もし鹿川君の自殺が起きても、社会はその事件を日常の一風景のように感じるしかないほど、わが国は退廃と堕落の果てにある。しかも、そういった状況がどれだけ凄惨なものであるかを誰もが客観的に認識できないまで人々の眼も濁っている。

いじめの多発、陰湿化、そして一般化、敢えて言えば社会化に象徴されるような傾向がわが国独自のものか、世界共通の現代人の病なのか詳細な調査と分析が必要だが、社会システムの変化と人々の心の変異が、少なくとも三十八年前の大事件を恒常的に頻発する事件の一つに過ぎないものにさせてしまったのは紛れもない事実だ。

三十八年前に鹿川君の自殺を大事件として受け止めた日本社会の感受性は、限りなく鈍磨し続けている。当時、多くの識者や為政者も衝撃を受け何らかの対策も模索されたはずだが、事実としてそれらの試みは全て失敗に終わっている。そうでなければ、二十一世紀の今日に至っても被害は減少しないどころかむしろ陰湿化し、いじめが社会の底流に隠されるように棲息して犯罪の温床になるようなことはなかった。児童どうしの殺傷事件も、いじめの深化と無関係と言えない。

異常事件が日常的な事件のように受け止められてしまう社会の感受性の鈍磨が、もし日本特有のものであれば、私たちは相当深刻な病を宿してしまっていることになる。鹿川君の自殺から三十八年が経過し、八〇年代に胚胎《はいたい》された凶々《まがまが》しい種子が何かによって育てられているのだ。当時、鹿川君を自殺に追いやった犯人たちは、現在五十一歳か五十二歳である。葬式ごっこを行った教師は処分されたが、共犯者たちは何の罪に問われることなく現在の空気を平然と呼吸している。しかも、この事件はたった一つの端緒に過ぎないのだから、恐るべき退廃が日本中を覆い尽くしていることを私たちは自覚するべきだ。

八〇年代の犯罪は親殺しから始まった

大学浪人だった一柳展也《いちりゅうのぶや》が、川崎市の自宅で両親を金属バットで撲殺するおぞましい殺人事件が起きたのは昭和五十五年（一九八〇）十一月二十九日だった。すでに刑法二百条の「尊属殺人罪」を憲法違反だとする最高裁判決は昭和四十八年（一九七三）に出されていた。刑法改正が実際になされたのは平成七年（一九九五）だったが、このとき、尊属殺人罪だけでなく、尊属傷害致死罪、尊属遺棄罪など尊属加重規定が全て削除されている。尊属とは、両親や祖父母などの祖先にあたる親族のことだ。つまり、昭和四十八年（一九七三）に違憲判断が出されたときから、日本の司法は尊属への殺人などの犯罪を特別視しないことを常識にしていたのだ。

私はここで「尊属殺人罪」、あるいは尊属加重規定が刑法から削除されたことの是非を問うことは敢えてしない。しかし、グローバリズムの弊害があらゆる局面で言及される現在こそ、近代的価値を体現する代表的なものの一つとして理解されている、近代法や〈人権〉という概念を詳細に見直す必要に迫られていることを指摘しなければならない。「尊属殺人罪」を否定する人間の平等性という概念も、近代法や人権という概念の一つの現れだが、それは両親や祖父母などを特に尊重する必要はないという思考を論理必然的に導く。日本の家族制度、家父長制の象徴として、「尊属殺人罪」を前近代的だと断罪し、否定する思考こそ、日本古来の「家」がコミュニティを形成する重要な役割を担ってきたことや、人々の社会性や規範性、道徳の核であったという側面を一方的に排除するものだ。それは、わが国が無宗教国家であり、ある意味、仏教や他の宗教までをも包摂する日本古来の神道的な世界観が日本人の行動規範の拠点であることを意味しているのだ。

つまり、ヨーロッパで生まれた近代という概念の移植が、組織に拒絶反応を起こしているのが八〇年代から急増した親殺し、子殺しの実態なのではないだろうか。そう考えれば、次のような凶悪犯罪の頻発の原因も理解できる。

平成十九年（二〇〇七）七月二十四日、広島高裁で注目される裁判が始まった。八年前の平成十一年（一九九九）に山口県光市で起きた母子殺害事件の裁判で判決が無期懲役になったことで検察が上告、最高裁から差し戻しされた裁判だ。被害者遺族の本村洋氏は、被告に死刑判決が出ないことを再三批判し、メディアも注目していた。時事通信はこの裁判をこう伝えた。

《元少年、改めて乱暴目的否定＝光市母子殺害差し戻し審――広島高裁山口県光市で１９９９年4月、会社員本村洋さん（31）の妻弥生さん＝当時（23）＝と長女夕夏ちゃん＝同（11カ月）＝が殺害された事件で、殺人などの罪に問われ、最高裁が一、二審の無期懲役判決を破棄した当時18歳少年で元会社員の被告（26）の差し戻し控訴審第5回公判が24日、広島高裁（楢崎康英裁判長）であった。被告は改めて乱暴目的を否定した。

弁護側は、殺害前後の状況を中心に被告人質問した。

被告は事件当日、排水検査を装ってアパートを回ったことについて「ロールプレーイングゲーム感覚だった」と説明。本村さん宅を2回訪れたのは「優しそうな弥生さんと話したかったから」とし、乱暴するためでないと述べた。》

死刑反対を叫ぶいわゆる〈人権派〉弁護士が政治闘争のためにこの裁判を利用して、被害者遺族の〈人権〉を踏みにじっている現実がここにある。弁護側は犯人にこれまでの証言を翻《ひるがえ》させ、犯罪の計画性や殺意までも否定する法廷戦術を取っていた。

そもそも、この時犯人は二十六歳になっていたのに、犯行当時十八歳だったことから「少年法」という奇怪な法律が犯人を擁護していたが、このことが被害者や遺族の〈人権〉を抑圧するばかりか社会全体に不満や不快感を与えている。「少年法」の論議に必ず出てくるのだが、これは明らかに犯罪抑止力を弱めることになっているのだ。つまり、犯罪を助長しているのが「少年法」なのである。犯人の氏名すら公開されていない現実に苛立ちを感じる人も多いはずだが、何より問題なのは、二十三歳の新婚間もない主婦が強姦、殺害され、同時に十一カ月の赤ん坊まで撲殺された残忍な犯行に見合う制裁を、犯人は受けていないという認識を多くの人が持つことだ。

結局、この裁判は平成二十四年（二〇一二）三月十四日に最高裁が上告を棄却し、犯人の死刑が確定した。事件発生から十三年の歳月が経過していた。

八〇年代以降とそれ以前とで、凶悪犯罪の頻度や残忍度、猟奇性の比較を正確に調査しなければならないが、昭和五十五年（一九八〇）の金属バット両親殺害事件から、昭和六十三年（一九八八）～平成元年（一九八九）の宮崎勤《つとむ》による女児連続誘拐殺害事件、神戸のサカキバラ事件（平成九年〔一九九七〕）などを経た二十一世紀に凄惨な殺人事件の多発する状況を、まずは俯瞰《ふかん》するべきだろう。

平成十年（一九九八）、鹿川君いじめ自殺事件からちょうど十二年後に、栃木県黒磯市黒磯中学で、十四歳の生徒が女性教師を学校内で刺殺する事件が起きている。そして、それから九年後、サカキバラ事件から十年後の平成十九年（二〇〇七）には、福島県会津若松市の県立葵高校の生徒が、母親の生首を警察に持参するという母親殺害頭部切断事件が起きたのだ。

八〇年代にいじめ事件の被害者として脚光を浴びたティーンエイジャーだが、ローティーンが異常犯罪の加害者になるまでに二十年の時間が経過していた。

「柔らかい個人主義」が何を壊したのか

日本人が「ルンルンした」「ひょうきん族」として日本の黄金時代を創り始めた八〇年代初頭から顕著になり、頻発し始めたアンモラルな殺人事件は、日本独特の犯罪傾向なのであろうか？　それとも世界的に八〇年代が抱える問題の一つなのであろうか？　前述したように客観的な調査・分析が必要だが、少なくとも日本が宗教的にも道徳的にも、社会規範が世界で最も希薄な国の一つであることは疑いようのない事実だ。

八〇年代にそういった規範がさらに一斉に崩れ出したのだが、当時の日本でそのような現象を真っ先に感知し、指摘したのは、哲学や文学の社会評論の領域からでなく、マーケティング界からだったことが興味深い。

「ミーイズム」「しらけ世代」「たこつぼ現象」という言葉がマーケティング研究家など広告分野から時代を切り取るキーワードとして使用され始めた。すでに六〇年代から「脱工業化社会」と呼ばれていた現代社会は、八〇年代から「高度情報化社会」「高度大衆社会」などと称されるようになった。西側陣営の経済的リーダーとして突き進んでいた八〇年代の日本の肯定的な形容であった。

モノを売る行為がマーケティングの基本なので、高度成長神話が完全に終わりを告げた七〇年代から、マーケティングはいかに売るかという戦略を高度な情報《インテリジェンス》によって構築して来たのである。したがって、産業社会の究極の形態である現代社会を、資本の欲望と消費者の欲望が鬩《せめ》ぎ合う現場で、最も高い知性で分析・解析しなければならず、それゆえ、社会の客観的評価という側面からも高いレベルを保ち続けていた。

つまり、マーケティングという経済活動の一つに過ぎないものが、八〇年代が進行するにつれ、哲学、文化人類学、社会学、経済学などと同じ地平で、いや、より早く高いレベルで社会を批評せざる得ない批評の形式を自らが産み落とすことになった。それは、広告のクリエイティビティが〈文化としての広告〉という側面から八〇年代に称揚された理由と通底するものなのである。

劇作家で文芸評論家である山崎正和によって書かれた『柔らかい個人主義の誕生』（昭和五十九年〔一九八四〕）は、まさにそのような文化状況を象徴する著作となった。「消費社会の美学」というサブタイトルが付けられた本書は吉野作造賞を受賞している。

広告的なタームを従来の評論言語に取り入れたこともあり、全く新しい斬新な切り口の評論のスタイルとして当時非常に評価された。

《現在のところ、国家という集団が維持されているのは、人間がひそかに、まだそうした合理的な課題よりも非合理的な力による共同体を信じており、あえてよりよい人間集団のかたちを探そうとしていない、ということにほかならない。近代化は、国家を目的集団にすることでその統一をいちじるしく強化したが、国家の本質から見て、この努力には初めからひとつの矛盾と限界が含まれていた、というべきだろう。》

《じっさい、「経済大国」の建設は、五〇年代に提唱された「所得倍増計画」と表裏一体の関係にあったからで、これがともに実現された六〇年代ほど、ひとつの目的のもとに国家と個人が一体化した時代はなかった、と見ることができる。》

引用部分の分析にことさら異を唱えるつもりはない。ほぼ同意できる内容だ。また、七〇年代の国際社会は政治的、軍事的膠着《こうちゃく》状態の時代であるとし、八〇年代から見た日本の将来を、山崎はさらにこう予測した。
そのような《膠着状態のなかで、経済だけが別の世界地図をつくることは考えられず、日本がその分野に限って、このうえ世界の力関係を変更しうるとは想像できない。かりに、経済の合理性にしたがって日本が世界市場を支配し、それがまた世界各国の経済利益につながるとしても、そうなった場合、各国の内部には必ずあの非合理な国家意識がめざめ、日本の拡張を牽制する方向へ動くであろう。その軋轢は、今日の貿易摩擦とは次元を異にする深刻さを見せ、あるいは、日本の国家的な自立を否定するような論理さえ呼びさますかもしれない。なぜなら、経済的合理性を主張するとは、つまり、「経済に国境なし」といい張ることであるから、だとすれば、圧迫された各国が日本の政治的な国境の撤廃を求めることすら、十分に考えられる。
日本は、労働移民の大幅な自由化を要求され、「日本株式会社」そのものの多国籍化を求められても、論理的にはそれを拒みにくい立場に立たされるのである。》
山崎正和の論理は半分正しく、予測も半分当たっている。幸か不幸か日本が世界市場を支配する前に、《各国の内部には必ずあの非合理な国家意識がめざめ、日本の拡張を牽制する方向へ動く》ことになったが、その結果、バブル崩壊からの〈失われた十年〉を余儀なくされた日本は、アメリカからの〈構造改革〉圧力によって、逆に《国家的な自立を否定するような論理》に翻弄され、米国だけでなくシナからも《日本の政治的な国境の撤廃を求めることすら、十分に考えられる》状況になっているのだ。

まさにそれが、現在から見た〈失われた三十年〉の内実なのである。そういう意味で、この部分の山崎の慧眼《けいがん》は大いに評価するべきで、実際、日本は現在、《労働移民の大幅な自由化を要求され、「日本株式会社」そのものの多国籍化を求められて》いるのである。まさに四十年前の山崎正和の予見が現実のものになっている。しかし、問題は山崎は当時、肯定的に、少なくとも現状追認という姿勢で、その予測を捉えていたことである。

したがって、『柔らかい個人主義の誕生』の山崎の論旨は、六〇年代に国力を拡充した日本が七〇年代に《国家として華麗に動く余地を失うことに》なり、《国家が国民にとって面白い存在でなくなり、日々の生活に刺戟をあたえ、個人の人生を励ましてくれる劇的な存在ではなくなった》ことで、「地域の時代」というスローガンが誕生するという辺りからかなりの混乱を見せ始める。

国家が《大きな目的をめざして動く戦闘集団でなくなり、無数の小さな課題をかかえて、その間の微調整をはかる日常的な技術集団に変わってしまった》という認識を、なぜ、山崎は克服すべき状況と捉えられなかったのであろうか？　混乱の原因は、山崎が八〇年代の真っ只中で、日本に胚胎された数々の問題をアプリオリなものにすることからしか、論理を組み立てていないからなのである。

その結果、《先の生産する自我が、一面でかぎりなく機械に近い存在であったのにたいして、この消費する自我はもっとも非機械的な、したがってもっとも人間的な存在だといえるかもしれない》と、「柔らかい個人主義の誕生」を称揚するが、この結論は、「消費する自我」が消費される自我になり、十三歳の中学生が自殺する自我になるという一面が完全に無視された、底抜けに明るい楽観主義に彩られていたのだ。「柔らかい個人主義」とは、〈柔らかい国家〉にしか棲息できない希少な存在で、四十年が経過すると、日本人としての自我を守る国家すら溶解させるものに過ぎなかったのではないだろうか？　そんな誰にでも思いつく素朴な疑問を山崎はあらかじめ排除していたのである。

2 「柔らかい個人主義」の末路

山崎正和の楽観主義

山崎正和の底抜けに明るい楽観主義の根拠はどこにあったのだろうか？『柔らかい個人主義の誕生』を彩る楽観主義は、「柔らかい個人主義」なるものを無邪気に信じることから始まっているが、その根拠が非常に曖昧なのだ。しかも粗雑な論理で「柔らかい個人主義」を定義しているので、『柔らかい個人主義の誕生』全体が〈柔らかい論理〉で実体を曖昧模糊《あいまいもこ》なものにしている。

前述したように、この時期はマーケティング理論が飛躍的に発達した時代であり、「消費社会の美学」というサブタイトルが示すようにこの本はマーケティングの書物として一部の人に読まれたのではないだろうか？　しかも、広告会社が企業に企画書を提出するとき、最適の参考文献かアンチョコとして使用されたのではないだろうか？　それには騙《だま》しのツールとして使い勝手が良かったという一面もあったのだ。

欧米諸国に比べ八〇年代初頭の日本は世界で唯一経済成長を続けていたことは前述した通りである。技術革新にともなう新しい製品開発、イノベーションが生む新しい消費スタイル。それらが複合的に日本のマーケットを拡大し、輸出産業だけでなく国内需要も常に新しい刺激によって喚起され、資本主義の最先端文明を当時の日本は実現し、謳歌《おうか》していた。七〇年代末期に観念として米国で提示されていた「高度情報社会」「高度大衆社会」を字義通りに世界で真っ先に実現したのが八〇年代の日本だった。

しかし、当時の日本企業が世界でただ一つの好景気の中にいたとはいえ、決して安住していたわけではない。むしろ、苦労の連続だったのだ。いわば資本主義の最高発達段階を極めた世界で、それでもモノを売らなければならなかった企業は、モノでなくモノがもたらす情報や付加価値を売るという困難な局面に立ち会っていた。つまり、モノをモノ以上のモノとして売らなければ新しい需要は喚起できないのだ。したがって、マーケティング理論が先鋭化し、時には社会学者の論考より本質を捉えたものがあった。

そのようにマーケティングが手詰まりになる状況では、新しい切り口がどうしても「消費社会」から求められる。そこで登場した「柔らかい個人主義」「消費社会の美学」というキャッチフレーズは非常に魅力的だったのではないだろうか？　当時、私はコピーライターやクリエイティブ・ディレクターという広告制作の仕事に従事していて、文学や思想の世界から完全に離れていたにもかかわらず、『柔らかい個人主義の誕生』は確かに読んでいた。

自分の恥を告白するようだが、当時の記憶をたどると、少なくとも私はこの本を広告制作の方法論として読んでいて、山崎が提唱した〈新しい個人主義〉をただ褒め讃える楽観主義や、〈新しい個人主義〉を定義する曖昧な論理の矛盾点に気づかなかった。

しかし、こうやって二十一世紀の令和日本から八〇年代を振り返る作業をしていると、愚かにも当時気づかなかったものが見えてくる。

日本が七〇年代に《国家として華麗に動く余地を失うことに》なり、《国家が国民にとって面白い存在でなくなり、日々の生活に刺戟をあたえ、個人の人生を励ましてくれる劇的な存在ではなくなった》ことや、国家が《大きな目的をめざして動く戦闘集団でなくなり、無数の小さな課題をかかえて、その間の微調整をはかる日常的な技術集団に変わってしまった》ことをアプリオリなものとして何の疑問もなく受け入れ、「生産する自我」に代わる「消費する自我」が《もっとも非機械的な、したがってもっとも人間的な存在だといえるかもしれない》という言葉に、訳もなく私は納得してしまっていたのだ。

それは、生活者にとにかく〈消費〉させることを職業的な目的としていた当時の私だったから、いとも簡単に飛びついてしまったということなのだろう。

江藤淳の批判の意味

山崎の発案による「柔らかい個人主義」という言葉は、この本の発端となった朝日新聞に書かれた論文のタイトルだった。その論文、「柔らかい個人主義の誕生」は昭和五十八年（一九八三）四月七日の朝日新聞夕刊に掲載された。昭和五十九年（一九八四）五月に単行本として中央公論社から出版された『柔らかい個人主義の誕生』の第一章「おんりい・いえすたでい'70ｓ」はその論文を基に書かれているのである。

じつは当時、占領期の検閲について精力的な研究をしていた江藤淳が山崎が朝日新聞に寄稿したこの「柔らかい個人主義の誕生」を厳しく批判していた。昭和五十八年（一九八三）の『新潮』八月号に掲載された《ユダの季節――「徒党」と「私語」の構造》という評論である。江藤淳が引用した山崎正和の文章を長いがここでそのまま引用する。

《……第一にめだつのは、七〇年代にはいって、国民感情に訴える国家のイメージが急速に縮小したことであって、個人が国家とともに興奮し、国家的な一体感を持って生きる機会が少なくなった、という事実であろう。その理由は、日本が国際的に大きくなりすぎたということにほかならず、もはや国家としての国民の感情を揺さぶるような、劇的な動きはできなくなったということである。（中略）明治以来、つねに国家的な事件に心の波長をあわせ、国民の共同感情のなかで生きてきた日本人は、いまようやく個人の身辺に目を向け、より私的な感情のなかに暮らす条件をあたえられたといえる。

第二にわかりやすい事実は、日本人にとって職場と家庭の持つ意味の変化であって、勤務時間の短縮と家事労働の減少は、いちじるしく個人がひとりで生きる時間を増やすことになった。さらに、寿命の延長も人間がこうした組織の外で暮らす時間を延ばし、社会的連帯という人生の横軸にたいして、個人の生涯という縦軸の存在を浮かびあがらせることになった。（中略）

また、七〇年代には、人間を襲うさまざまな不幸もその性格を変え、いわば集合的な不幸から個別的な不幸に変わったことが、第三の変化としてあげられるだろう。（中略）

こうした条件の変化のもとで、日本人はすでに敏感に生活様式を変え、積極的にひとりの「個人」として生きる、新しい姿勢をみせ始めている。もっとも目につく兆候は、現代人の文化サービスにたいする要求の変化であって、これが産業の変化をすらひき起こしていることは、周知の事実であろう。少量多品種生産の隆盛を始めとして、外食産業、スポーツ産業、市民大学講座などの流行、さらに、医療と健康産業の繁栄はすべてその現れであって、国民はひとりひとり、自分をかけがえのない個人として個別的に処遇されたい、と願っているのである。（中略）

それ（新しい個人主義）は成熟を原理とし、欲望よりは趣味によって支えられ、ドグマよりは内省によって導かれ、その意味で、より協調的な「柔らかい個人主義」となるはずだが、これが健全に育つかどうかは、もちろん将来の日本人の努力の問題にほかならない。》

この山崎の文章は驚くべき論理が展開されている。これを「ドグマ」と言わずして何と言うのだろうか？　この引用に対し江藤淳はこう論難した。

《新聞紙上における山崎氏の肩書きは、「大阪大学教授・演劇学」となっているが、これは劇作家で文芸評論家でもある山崎正和氏と、同一人物であるにちがいない。だが、それにしても、劇作家・文芸評論家の山崎氏が、いまだかつてこれほど無内容で、現実遊離を露呈した文章を書いたことがあっただろうか？　これはほとんど、文化官僚の作文に等しい駄文ではないか。

山崎氏は「七〇年代にはいって、国民感情に訴える国家のイメージが急速に縮小した」といっている。借問する。それなら七〇年代前半の、オイル・ショックのときのあの騒ぎはどうだったのか。国民一人一人の胸に〝非産油国日本〟のイメージがたちまち深く刻印され、人々は「国民」としての「感情を揺さぶ」られて、トイレット・ペーパーの買い漁りに狂奔するという、至極「劇的な動き」を示したではないか。

同様に、「勤務時間の短縮と家事労働の減少」云々も、楯の半面のみを見た観察にすぎない。それは、「いちじるしく個人がひとりで生きる時間を増やすことになった」どころか、パート・タイムの職を求める家庭婦人の数を「いちじるしく」増大させることになった。パート稼ぎに出かける主婦は、もちろん「ひとりで生きる」ためにではなく、家庭の収入を増やすために働きに出るのである。それでも足りなくてサラ金から借りれば、うっかりすると借金取りが居催促に来る。「個人がひとりで生きる時間」が増えるどころではないのである。》

この江藤淳の評論は「柔らかい個人主義の誕生」（『朝日新聞』夕刊・昭和五十八年〔一

九八三）四月七日付）の批判が主旨なのでなく、昭和五十八年（一九八三）時点の論壇の奇怪な動きを痛烈に批判したものだった。それでも当然、山崎の文章は批判の対象となった。発端は小林秀雄の追悼文に遡り、元『中央公論』編集長の粕谷一希《かすやかずき》、中嶋嶺雄《なかじまみねお》、山崎正和を批判しているのだが、詳細はテーマと離れるのでここでは敢えて触れない。

ただ、小林秀雄が亡くなった昭和五十八年（一九八三）三月一日には、すでに論壇、文壇というものがわが国のジャーナリズムから完全に消滅していたという事実、あるいは、小林秀雄の死をもって完全に消滅したという解釈は八〇年代を語る上で重要であることを指摘しておきたい。

いま、日本を溶解させるもの。個人主義と大衆社会

江藤淳の「いまだかつてこれほど無内容で、現実遊離を露呈した文章を書いたことがあったろうか？」という批判は恐らく正しい。それ以前の著作を全て読んでいないので「恐らく」なのだが、前にも触れたように、当時、私は『柔らかい個人主義の誕生』を広告制作の参考文献として読んでいたので、それまで比較的山崎の著作を読んでいたにもか

かわらず、この論理の脆弱さを看過して気づかなかったのだ。文芸誌と程遠い生活を送っていたので江藤淳の批判も、当時全く知る由《よし》もなかった。

山崎は昭和五十二年（一九七七）に『おんりい・いえすたでい'60ｓ』（文藝春秋）を著しているが、この本はアレンの『Only Yesterday : An Informal History of the 1920s』をモチーフにして淡々と六〇年代を回顧した好著だった。では、なぜ、八〇年代をテーマにした『柔らかい個人主義の誕生』がこのように無残なものになったのであろうか？

世阿弥や中世と現代演劇の連関を語るのでなく、現代史という歴史を語り始めたことで、山崎正和は同時代を読み解くドラフトが必要だったのだ。それは古典の解釈とは全く異なった同時代を把握する力である。そのとき否応なく問われるのは歴史観である。しかし、空虚な歴史観、あるいは時間軸のない垂直の歴史観と程遠い歴史の把握力しかなければ、そのドラフトはできるだけ新しい衣装をまとっていなければならず、無理やり広告的な言語を従来の評論言語に取り入れる工夫をするしかなかったのではないだろうか。

またそれは、八〇年代の通奏低音となったパステルトーンの奇妙な明るさに照らされなければならなかった。さらに、文明批評という領域で自己のポジションの確立を図るために、粗雑な見取り図で時代を解説する必要があったのだ。

つまり、そこで山崎氏は時代を受け入れ、時代と寝ることに腐心することで、何らかの対価を得ようとしたのではないだろうか。それは八〇年代という時代が必然的に要請したものだった。

しかし、それでも不思議なのは、〈個人主義〉という概念については、すでに当時を遡る十四年も前に若手評論家として華々しくデビューした西尾幹二が昭和四十四年（一九六九）に『ヨーロッパの個人主義』（講談社現代新書）という名著で個人主義という概念自体を日本人が無自覚に受け入れる危険性を指摘していたのに、何の躊躇《ちゅうちょ》もなく「柔らかい個人主義」を標榜《ひょうぼう》したことだ。

さらに言えば、高度大衆社会についても、すでに八〇年代初頭から西部邁《にしべすすむ》が鋭利な批判を行っていて、奇しくも同年、昭和五十八年（一九八三）七月に『大衆への反逆』（文藝春秋）を著しているのだ。

《いま進行中の言論の悪しき政治化は言論の党派性と同じではない。言論の党派性ならば別に新しいことではない。党派性の内実が溶解しつつあること、それが現在の特徴なのだと思われる。（中略）

リアルに存在しているのは技術である。ほとんど誰しもが、社会の仕組みも個人の生活も、結局は、技術的効率性という基準によって律せられるであろうと、投げやりに、あるいは苦々しげに信じているわけである。（中略）
しかし、技術の観念がこうまで強力に、こうまで単調に人々の意識を差配するようになれば、自我の分裂が多少とも生じるに違いなく、さすれば、それはひとつの症候なのである。少なくとも知識人は、とりあえず仮説としてでも、自分らの健全さを疑ってかかってよい時期なのである。
知識人が権力あるいは社会全体に対する外在的な批判をやめつつあることについては、知識人が一種の自己不安にかかっているという事情がある。不安の根は、知識が現状の困難に有効な解決策を出すことができないという点にあるのではない。》
《私が重視したいのは西欧における価値の二面構造という点である。近代西欧は、陽表的には、産業主義と民主主義に立脚する社会であるが、陰伏的には、自らの創造したこれらの社会的価値（およびそれらにもとづく実体的な社会制度）にたいし疑念をもちつづけてきた。西欧の一般市民の抱くこの密やかで曖昧に不安な明確な表現を与えること、それが西欧知識人の主たる努力であった。》
西部邁が同書で語っている「自省」も近代主義への懐疑から生まれたもので、『大衆の反逆』を著した反近代主義哲学者、オルテガを軸に高度大衆社会という概念を肯定的に捉えることへのどこまでも慎重な姿勢が貫かれている。西尾幹二の『ヨーロッパの個人主義』も敢えて言わせてもらえば、〈近代主義のグローバリズム〉である個人主義という概念が日本社会で醜悪な顔を見せる危険性を告発していたのだ。

山崎正和の『柔らかい個人主義の誕生』は、そういった「自省」を全て捨象した上に成り立つ「ドグマ」に過ぎないものだった。そして、そこに見えるのは変わって来た日本や日本人の変化をあくまでも、どこまでも、「高度消費社会」の中で徹底的に肯定することなのだ。

だが、そんな山崎の楽観的で非現実的な世界観こそ、まさに、東日本大震災の災禍と安倍晋三元総理暗殺を経験したにもかかわらず、二十一世紀の日本を覆い尽くす、どこまでも現状肯定しながら、それでいて、国家を溶解させ世界共和国を志向する空想的な左翼思考の流行に繋がるものなのである。

山崎正和が文部科学省中教審の委員長を務めていたという現状があまりに象徴的で背筋が寒くなるのは私だけではないだろう。小泉政権では福田官房長官主導の「追悼・平和祈念のための記念碑等施設の在り方を考える懇談会」で靖國神社の存在意義を真っ向から否定することに奔走し、何と非常に奇妙なことに、平成十八年（二〇〇六）の第一次安倍政権でも中教審で「道徳」の科目化を防ぐことに力を注いだ。山崎はサヨク官僚お気に入りの御用知識人になっていたのだ。

このように、〈柔らかい個人主義〉の末路は、出版されてから四十一年後の現在に至るまでの間に、子殺し、親殺し、イジメ、学級崩壊、年金崩壊、そして外国人労働者受け入れ促進の日本となり、私たちの国を溶解させているのである。

3

『1984年』オーウェルはオタクを予言したのか？

八〇年代のフォニイとして

ここまで『柔らかい個人主義の誕生』の山崎正和の論理の欠陥を批判してきたが、同書が出版された八〇年代前半の日本の大きな変化を顧《かえり》みれば、それまでの解釈で捉えきれない社会や文化の動きを解説できる図式がどうしても必要だったことが分かる。八〇年代の社会が急いで必要としていたのは、解りやすい「アンチョコ」だったのだ。

「アンチョコ」が必要とされたのは、七〇年代初期にカウンターカルチャーと呼ばれた六〇年代に萌芽が見られる新しい文化が、あらゆるジャンルに於いて、また社会現象として、八〇年代になって型（フォルム）を持って胎動し始めたとき、そんな〈八〇年代文化〉を誰もそれまでの批評の文脈では説明できなかったからだ。

そこで山崎正和が〈八〇年代文化〉の語り部として確固たる地位を確立していくのは、

まさに〈八〇年代文化〉のメディアとして彼自身が機能していたからという側面がある。当時の山崎批判がほとんど効果を持ち得なかったのは、山崎自身が批評の対象である〈八〇年代文化〉の内側に身を寄せる振りをしていたからだ。つまり、批評の対象である異次元空間の異言語の住民になってしまえば、あらゆる批評の文脈は異言語として拒絶され、言葉が届かなくなってしまったということなのである。

　江藤淳が「ユダの季節」で展開した山崎への厳しい批判は昭和五十八年（一九八三）の『新潮』八月号誌上であったが、翌昭和五十九年（一九八四）に『柔らかい個人主義の誕生』が一定の評価を受けたのは、「ユダの季節」に代わる、真っ向から山崎の時代認識を否定するテキストが現れなかったからだ。昭和四十五年（一九七〇）の三島死後最大の文壇的事件は、江藤淳が七〇年代中期に提起した「フォニイ論争[※注1]」であろうが、当時、山崎は批評家、劇作家としてフォニイ（贋物《にせもの》）に分類されず、十年後は外側の〈八〇年代文化〉に身を寄せる素振りを見せながら、〈政治的〉に生きていたのではないだろうか。

　また、同時にそれは、一種ギルド的な共同体であった〈論壇〉というものが完全に消滅していたことを意味する事件だった。ギルド的共同体は、いつの間にか処世と政治が行われるだけの〈舞台〉に変質していた。

じつは、山崎の乱暴な図式の描き方は、すでにこれに遡る十年前の昭和四十八年（一九七三）に「観念の見取り図」という西尾幹二の論考に冷徹に指弾されていたのだ。当時話題になった山崎の『鷗外　闘う家長』（河出書房新社）という森鷗外論への批判である。

《山崎氏のこの評論全体は、作品論から出発せず、作家の外的社会に対する姿勢を問うた人間論、他人や身内との交際からはじまり国家との関係に及ぶ社会的自我の構造の分析にもっぱら関わって、他の側面への予感や暗示を残していない。われわれは明治期にまで及んだ江戸文化の型の持続や近代以前の時間の構造という問題などを無視して、明治の文学を単に国家との関係や、外来文化との交渉という社会的要因だけで解きほぐすことはもはや出来ないことに、近頃ようやく気がつき始めているときである。》（西尾幹二「観念の見取り図」『新潮』昭和四十八年四月号）

にもかかわらず、山崎は鷗外を安直な「見取り図」の中に置いて、裏づけなしの独断で都合のいいように断片を切り貼りしたというのが西尾の批判である。

《弟の養子縁組をことわったことで、鷗外はその後の人生全体に及ぶ矛盾する二つの人生態度を身につけたと結論づけている。（略）これは一種の単純な図式化であり、鷗外にそういえる面があったとしても、それだけで鷗外の肖像は描けない。あまりに短絡して部分を全体にすりかえている。（略）子―父―統治者をめぐって展開される山崎氏一流のメタフィジックは、私には著者が現代の中でしきりに、「自己の存在証明」をしている部分のように思えてならない。》（前掲評論）

この批評は、『柔らかい個人主義の誕生』が〈八〇年代文化〉に身を寄せる振りをしながら、「柔らかい個人主義」で興隆するサブカルチャーまでをも視野に入れ、山崎が時代に適合できるという自己証明をしたに過ぎなかったのではないかという、私が推察してきた構図と重なってくるのだ。

オーウェルの『1984年』と『オールナイトフジ』

ところで同書が発行された「1984年」は、偶然にも三十五年前にジョージ・オーウェルが書いた、あの一風変わった近未来小説のタイトルの年なのである。第二次大戦終了後の冷戦時代とソ連の共産主義体制への恐怖がオーウェルの『1984年』のモチーフになったのは確かであろうが、奇妙なことに、冷戦がとっくに終結し、ソ連の崩壊、つまり共産主義の敗北が明らかになって二十年近くなるのに、オーウェルの恐怖がリアリティを持ちつつあったのが平成末期からの日本の社会なのだ。日本が『１９８４年』的全体主義の危機に曝《さら》されていることは後に述べる。

実際の一九八四年には、日本はオーウェルの描いた『１９８４年』の世界と対極の時空間を形成していたと言える。昭和五十八年（一九八三）には石油危機によって中止されていたテレビの深夜放送が復活する兆しを見せていた。女子大生ブームを巻き起こした『オールナイトフジ』という深夜番組が始まったのもこの年だ。

翌昭和五十九年（一九八四）、オーウェルの近未来では、『オールナイトフジ』が高視聴率を上げ続け、こぞって他局も類似番組で追随し、素人女性？　の肌の露出や、きわどい会話が電波コンテンツとして流通、増幅していった。翌昭和六十年（一九八五）には、『オールナイトフジ』の女子高校生版、『夕やけニャンニャン』が中・高校生を中心に話題を集め、番組に登場する女子高生たちの「おニャン子クラブ」が大人気となる。そして、「１９８４年」に各局でスタートして、話題を集めた深夜生番組が三月の国会で「お色気過剰」と問題になり、テレビ東京、テレビ朝日、ＴＢＳは番組を打ち切るということになった。しかし、まさか、これを「Big Brother」の言論弾圧というにはさすがに無理があり、オーウェルの『１９８４年』の対極の世界に当時の日本が浸かっていたのは確かだ。

『オールナイトフジ』『夕やけニャンニャン』と続く出演女性の低年齢化は、必然的にその後のロリコン・ブームなるものをもたらしたわけだが、重要なのは、セックスシンボルの大衆化が際限なく八〇年代中期に進んだことである。人気女優、あるいは、お色気女優、特殊なヌードモデルなどがセックスシンボルだった時代は終わりを告げ、隣の、あるいはその辺の女子大生がメディアによって性の対象として増産された。

こういった現象は間違いなく高度大衆化社会の一変型なのだが、マイナーなものがいつの間にかメジャーにすり替わる現象も、特にポップカルチャーの分野で同時進行的に急速に広がっていた。マニアックなファンだけの嗜好の対象だったものが、マスメディアで扱われるかどうかに関係なく、急に大衆的な人気を得るケースが八〇年代から目だってきたのだ。

RCサクセションとオタクの関係

また、オタクが誕生したのも同時期である。そもそも昭和五十八年（一九八三）、まさに『柔らかい個人主義の誕生』が書かれていた年に、白夜書房のロリコン趣味のエロ劇画誌『漫画ブリッコ』六月号の巻末コラムに中森明夫が「おたく」という言葉を使ったのがオタクの誕生だと言われている。

八〇年代初頭のコミケ（コミックマーケット）や漫画専門店に集まる常連たちが会話で二人称に「お宅は？」という言葉を頻繁に使用していたことから、いわば蔑称として「オタク」が使用されていたのだ。当時の流行語である「ネアカ」「ネクラ」のバリエーションとして、「ネクラ」の類似語として使われ出した言葉だった。「オタク」がアニメファン、漫画ファンの代名詞として一般的になるのはファミコンが普及し終わった八〇年代末期であり、二十一世紀の今日では世界中に知れ渡った日本語になり、海外ではむしろポジティブな意味で使われていることを考えると、ポップカルチャーのマイナーからメジャー化への位相転換の典型的な例だと理解できる。

七〇年代にフォークグループとしてデビューし、その後、一風変わった存在として一部のマニアックなファンには知られていたが、デビュー直後の「ぼくの好きな先生」以外は全くヒットチャートとは無縁だったRCサクセションというバンドが、パンク風の装いで急に人気を集め、昭和五十七年（一九八二）には日本武道館を満員にしてしまうコンサートを開催することになった。それでいて、日本のロックと無縁な大人や、同世代でも歌謡曲か、洋楽ポップス、ジャズ、あるいはクラシックしか聴かない層にはほとんどその存在すら知られないという奇妙な状況が現れたのだ。

タコツボ現象という言葉が当時マーケティング用語で使用され始めたのだが、それぞれ自分の関心あるタコツボに閉じこもり、他のタコツボに何が入っているのかには無関心な人々が、それぞれのライフスタイルや感性にだけ忠実に反応する流儀が、ファッション、音楽などのいわゆるサブカルチャー領域で一般化して行くことだった。ＲＣサクセションを知っている者には彼らは〈神〉であり、彼らを知らない人にとっては、汚くて、奇矯な身なり、髪型で、騒音をかき鳴らす、全く無意味なロックグループでしかなかった。

七〇年代に国鉄（日本国有鉄道）の「ディスカバー・ジャパン」キャンペーンをプロデュースして大成功に導いた電通のマーケッター、藤岡和賀夫が『さよなら、大衆。――感性時代をどう読むか』（ＰＨＰ研究所）を上梓したのは昭和五十九年（一九八四）一月だった。すでに大量生産大量販売から多品種少量販売に移行していたマーケティングの世界では、脱大衆化社会の見取り図をどう描くかが八〇年代初頭からのテーマになっていた。藤岡は大衆というマスをマーケティングの対象にする時代は終わったと考えていて、大衆が細かく細分化されることを八〇年代初頭の世の中の動きから察知していた。

大衆の代わりに「小衆」という概念を提起した藤岡は、「総企業対総消費者という構図が、そのまま、この国の大衆消費社会の理解だった……大衆は、そんな構図からは消え去りたかったのだ」と後に述懐している。

そして、一年後の昭和六十年（一九八五）一月には、博報堂生活総合研究所の『分衆の誕生』（日本経済新聞社）が出版される。〈大衆から小衆・分衆へ〉というテーゼは恐らく一面では正しく、一面では不正確だった。というのも、その後のファミコンの爆発的なマス市場を説明しきれない欠陥はあるが、自分の感性だけに合致するものを好む生活者が多くなったのは事実であり、感性をマーケティングのターゲットにしなければならない事情があったことは確かだったからだ。

また、《「感性」という最も個人的、個別的なモチーフを生き方の中心に置きながら、だけど一人ぼっちはいやだ、仲間が欲しいということになると、もちろん大衆はもっといやなわけですから、結局「少衆」ということになる》（『さよなら、大衆。』）という分析は、オタクの発生や、ポップカルチャーの分野でマイナーからメジャーへ変異するコンテンツが出現する〈八〇年代文化〉の特徴を論理的に説明するものだ。『柔らかい個人主義の誕生』より遥かに説得力があるのである。

ＲＣサクセションがマイナーからメジャーに突然変異したのは、細分化されたチャンネルを通しての時代の要請に応えた一つの例だったのだ。というのは、彼らの存在は、ポップカルチャーという大衆文化の中だったからこそ、それゆえ、大衆文化の変化を反映する時代の流れがより表出しやすい状況だったからだ。

また重要なのは、七〇年代初頭から日本の大衆音楽がアメリカン・ポップスとビートルズの洗礼を受けたことで地殻変動を起こし、ＧＳブームを経て、八〇年代に世界水準になる萌芽を着実に育てていたことだ。

ティンパンアレー、荒井由実の登場が日本の音楽シーンのレベルの高さを具現化し、その過程と同時に尾崎亜美、大貫妙子、坂本龍一、佐藤健らが活躍していた。またそういったアレンジやプロデュースの能力に加え、スタジオミュージシャンのレベルの高さが日本の音楽を保証していた。当時レコード会社でディレクターをしていた私は、そんな歴史の目撃者だと思っている。

注1　昭和四十九年（一九七四）、加賀乙彦、小川国夫、辻邦生らの著した長編を江藤淳が「『フォニイ』考」で純文学ならざるものとして批判したため、平岡篤頼と論争となった

第三章 反日のはじまりと言論統制

1 歴史の罠――世紀のピエロになった河野洋平

宮澤喜一と教科書〈近隣諸国条項〉

八〇年代の教科書検定書き換え誤報事件はメディアの誤報や偏向報道が外交問題を大きく左右することを暴露した最初のケースだった。この時問題になったのは報道内容の一次情報が検証されないまま、まさに〈情報ロンダリング〉としてメディアが機能したことだ。そして、このようなメディアの欠陥が日本を弱体化しようという反日勢力に戦略兵器として使われることが図らずも証明された。

昭和五十七年（一九八二）の教科書誤報事件は、このように一見小さな問題に見えたものが、実は背後に大きな影響力を湛《たた》えていたことを教えてくれる。朝日新聞は誤報事件の原因を自らの報道姿勢には全く求めず、九月十九日付の「読者と朝日新聞」という中川昇三社会部長名の記事で、むしろ文部省（当時）の責任に転嫁した。

《侵略ということばをできる限り教科書から消していこう、というのが昭和三十年ごろからの文部省の一貫した姿勢だったといってよいでしょう》。メディアの自浄能力はすでに死んでいたのだ。誤報事件で問われたのは、文部省に《侵略ということばをできるだけ消していこう》という方針かあったかどうかとは関係なく、事実でないことを捏造《ねつぞう》してセンセーショナルに焚《た》きつけ、鈴木首相のシナ訪問に合わせた政治的圧力で謝罪外交をさせたり、わが国の教育を自虐的に領導したかどうかなのである。この朝日新聞の反日必殺捏造パターンは、その後、九〇年代にいわゆる〈従軍慰安婦〉問題でも繰り返されて河野談話を生み、平成十九年（二〇〇七）にも安部内閣にダメージを与えることに成功している。

この問題が宮澤喜一官房長官が発表する教科書の〈近隣諸国条項〉に繋がって行くのは当然だったのである。現在の視点から見れば、日本の〈近隣諸国〉ほどいかがわしい存在はないし、世論からの反発も予想できるが、昭和五十七年（一九八二）には簡単に見過ごされてしまった。

恐らく、シナ、韓国、北朝鮮という近隣諸国の本質が今ほど一般的に知られていなかったという事情もある。知られていなかったというより日本人の積極的な興味がなかったはずだ。海外情報はもっぱら欧米のものであったのが当時の日本なのだ。その上、八〇年代は経済繁栄に反比例するように日本人の記憶から戦後、戦中の記憶が忘れられていった時期とも言える。いや、日本人は意識的に忘れようと過去の歴史を忌避して行ったのだ。

なぜなら、過去の記憶に被害者としての日本人という側面は皆無になり、加害者である日本人が前提となる歴史認識の醸成があったからだ。しかも、シナと韓国は日本がすでに明治時代に行った近代化への着手すら行われていない状況で、その百年にも及ぶタイムラグが執拗な〈反日〉を醸成したという側面もあった。

シナの八〇年代の状況は今日の〈反日〉とほど遠いもので、山口百恵や栗原小巻が大人気スターになるなど親日的な空気が横溢していたことを、在日シナ人としてジャーナリズムに登場し、現在は帰化日本人となった評論家の石平《せきへい》もしばしば言及している。しかし、この時代でも、日本と特定アジア※注1の文明的なタイムラグが反日の萌芽になっていたことは、教科書検定誤報事件や中曽根首相の靖國参拝への抗議などから明確に読み取れる。

なぜなら、その百年のタイムラグが、韓国と中華人民共和国に近代国民国家の必要条件としてのナショナリズムを急速に育むことになったからだ。

そのような背景の中で、昭和五十七年（一九八二）八月に宮澤喜一官房長官が、「政府の責任において、教科書の記述を是正する。今後は近隣諸国との友好、親善が十分実現するように配慮する」という、いわゆる〈宮澤談話〉を発表した。そして、十一月には歴史教科書の検定基準に「近隣のアジア諸国の近現代の歴史的事象の扱いに、国際理解と国際協調から必要な配慮をする」という〈近隣諸国条項〉が追加され、「侵略」などの表記に検定意見を付さないという基準が設けられたのである。

それでも、当時の文部官僚はまだまだ健全で、宮澤談話の「教科書の記述を是正する」という文言の「是正」に激しい抵抗を行った。文部省案は「改善」という言葉を使用していた。「是正」という言葉だとそれまでの教科書検定の非を認めることになるからだった。

河野洋平と安倍晋三と慰安婦問題

しかし、文部省は外務省の意向に屈しなければならなかった。「政府の責任において、教科書の記述を是正する」という宮澤談話の三カ月後に、検定基準に〈近隣諸国条項〉が加えられたのだ。

日本国憲法前文の愚かしさについてこれまで多くの人が言及し、厳しい批判を浴びせてきたが、宮澤喜一の教科書〈近隣諸国条項〉との連環を指摘した人はいたのであろうか？

《日本国民は、恒久の平和を念願し、人間相互の関係を支配する崇高な理想を深く自覚するのであつて、平和を愛する諸国民の公正と信義に信頼して、われらの安全と生存を保持しようと決意した。》（日本国憲法前文）

二十一世紀になってから日本国民が共有できた最も有意義な概念は、世界中どこの国も同じであるが、特に〈近隣諸国〉に「平和を愛する諸国民」を求めたり、彼らの「公正と信義」を「信頼」することの空虚さと、わが国の「安全と生存を」そんな空虚なものに預けることはできないという一般常識だったのではないだろうか。

そうでなければ、憲法改正を政治目標に掲げる、初の戦後生まれの総理大臣を擁する安倍内閣が平成十八年（二〇〇六）に誕生できるはずはなかった。しかし、「戦後レジームから脱却」を戦略目標に置く安倍内閣は、それゆえ「戦後レジーム」からの激しい抵抗に曝《さら》されていた。戦後体制からの抵抗で代表的なものが歴史問題になるのは、安倍内閣の宿命だったのである。

二〇〇七年に米国下院議会でいわゆる〈従軍慰安婦〉問題で日本を非難する決議案、「百二十一号」が上程され、採択されるかどうかに注目が集まることになった。この時はマイク・ホンダという日系議員が決議案を提出したが、実は前年にもレイ・エバンス議員が提出し否決されている。それまで数回下院に提出されていたのだ。

急に持ち上がったかのように見える米国に於ける歴史問題の日本非難は、実は長い時間をかけて周到に仕組まれた「反日の構造」がもたらしたものだった。日本で平成十九年（二〇〇七）当時に大きな波紋が広がったのは、国内ですでに十年前に決着していた慰安婦問題が米国で蒸し返されたことが意外だったからだ。また、その伏線として安倍内閣誕生後、国会で〈河野談話〉を継承するかどうかが質疑され、メディアが必要以上に騒ぎ立てたということもあった。

平成五年（一九九三）の〈河野談話〉は、九〇年代に日本がまるで坂道を転がり落ちるように奈落の底へ突き進んで行った端緒になった象徴的な出来事だったが、八〇年代の教科書検定誤報事件と近隣諸国条項が出発点になっていた。つまり、八〇年代の教科書検定誤報事件がそれ以降の歴史問題、すなわち昭和六十年（一九八五）の中曽根首相の靖國公式参拝への非難、九〇年代の韓国、シナからの数々の日本非難のルーツになっているのだ。

その経緯を頭に入れれば、二〇〇七年米国下院の「百二十一号」対日非難決議案も、急に降って湧いたものでなく、歴史問題で日本を窮地に陥れようとする戦略が二十年の歳月を掛けて練られ、継続され、実行されてきたものだということが理解できる。宮澤喜一の

〈近隣諸国条項〉は河野洋平の〈河野談話〉で強化され、それが河野が関与した自社さきがけ政権の成立で、あの村山談話に結実したということなのである。そこで誕生したアジア女性基金が、日本軍が強制連行したとされるいわゆる〈従軍慰安婦〉のために平成十九年（二〇〇七）に解散するまで、五十億円の国税で運営されていたことを多くの日本人は知らないのだ。

二〇〇五年の北京、上海での反日暴動を陰で操った在米華人反日組織、「世界抗日戦争史実維護連合会」はマイク・ホンダのスポンサーである。この件は、ワシントン在住の産経新聞特別編集委員古森義久の当時のスクープで明らかになっている。古森から当時ファクスを送ってもらったが、二〇〇七年五月二十九日の『ＮＹタイムズ』に掲載された、対日非難決議案「百二十一号」を支持する意見広告の広告主は、他でもない「世界抗日戦争史実維護連合会」だったのである。

つまり、八〇年代の宮澤喜一、九〇年代の河野洋平を繋ぐベクトル上に、マイク・ホンダが位置していたのだ。

北京五輪ボイコットへの動き

一九八〇年の夏季五輪はモスクワ大会だったが、ソ連のアフガニスタン侵攻が発端になって多くの西側諸国がボイコットした。オリンピックは不思議なことにナチスドイツ以来、全体主義国家で開催されると、その体制が近い将来に崩壊するというジンクスがある。ソ連もご多分に漏れずそのジンクスを免れなかったのだが、日本のモスクワ五輪ボイコットはほとんど何の主体性もなく米国に追随したという記憶がある。

北京五輪の前年、二〇〇七年当時、急速な勢いで北京五輪のボイコット運動が欧米諸国の間で拡散していたことを日本のメディアはほとんど報じていなかった。スーダンの虐殺、ダルフール紛争でシナがスーダン政府を援助していることで反発が拡がっていたからだ。石油資源確保とアフリカでの勢力拡大のため、シナはスーダンの石油輸出の約四分の三を輸入する最大の貿易相手国であるばかりか、武器輸出も行っていた。

五月二十九日、ブッシュ大統領（当時）はホワイトハウスで演説し、ダルフール紛争に絡んでスーダンへの新たな制裁措置を科すと発表した。スーダン経済を支える石油関連の投資などを行っている企業の多くを制裁対象に含めることでスーダン側に打撃を与える狙いがあった。連合国（国連）安全保障理事会での決議案では、英国など同盟国と協力し、スーダン政府への武器禁輸の強化などを求めていく方針だった。

一方、民主党優勢の米国議会もホワイトハウスと協調する動きを見せていた。ホンダ決議案「対日百二十一号」の採択を六月以降に延ばしたラントス下院外交委員長は百八名の議員の連名で胡錦濤国家主席（当時）に書簡を送り、シナが十分な対応をしない場合、二〇〇八年北京五輪のボイコットも辞さないと警告したのだ。

在米華人の反日組織が中心に推し進めてきた「対日百二十一号」決議は一時は暗礁に乗り上げた時期もあった。前述した五月二十九日付の『NYタイムズ』の意見広告は、これまで慰安婦問題で米国ではあからさまに顔を出さなかった「世界抗日戦争史実維護連合会」が表面に躍り出た。ダルフール紛争から北京五輪ボイコットへのうねりが、当時欧米を激しく席捲していたことから、かなりの危機感を覚えて余裕がなくなっていたのではないだろうか？

二〇〇七年五月三十一日に『ボストングローブ』紙に掲載された社説がある。リベラル系の新聞であることを考えれば、リベラルカルトと化した『NYタイムズ』は例外としても、当時の米国メディア全体の雰囲気がこれで読み取れるはずだ。長いが引用してみよう。

《ダルフールでの恥ずべきシナ

ジョージ・ブッシュ大統領が火曜日に発表したスーダンに対する制裁は、スーダン政府から支援された民兵組織ジャンジャウィードの虜になったダルフール及び東部チャドの二五十万人の生命を考えれば正しいものだ。しかし、新しい制裁がスーダンの大統領、オマール・ハッサン・アル＝バシルの大量虐殺を終わらせるのに十分であると思わせる理由はない。（略）

これらの制裁は有効範囲が制限されるが、ブッシュはさらに新しい国連制裁を提案すると言っている。これらの処置のいくつかは効力があるが、国連安全保障理事会でシナの拒否権により通りそうもない。（略）

シナは、スーダンの石油産業への大きな投資とハルツーム（スーダンの首都）への武器販売の利益により、これまでのところバシルへの干渉を阻止してきた。

北京当局が自らの責任について、メッセージを受け取り始めているという徴候がある。他国の政府からではなく、草の根運動から二〇〇八年夏に予定される北京五輪を「大虐殺オリンピック」と呼ぶことでシナに恥辱を与えようという動きだ。これを受けて、シナはスーダン特使に劉貴今を任命した。最近、ダルフールから戻った劉は連合国（国連）と国際援助グループの報告書に異議を唱えている。「私はそこで、餓死して行く人々の必死の光景は見なかった」と主張した。

これは、明白なプロパガンダだ。しかし、シナ当局が「大虐殺オリンピック」の話が、耐えられないスポーツの政治化だ、と神経質に文句を言う時、彼らは自らがそれが弱点であり、バシル大統領の最大の脆弱な部分であることを認めている。ブッシュの制裁は多くを達成しないかもしれない。しかし、市民社会にとって、シナを恥ずかしめてバシルにダルフールでの大虐殺を止めさせるチャンスにはなる。》

信じがたい激しさで米国メディアは中国共産党を非難していたが、これはヨーロッパでも同様だった。同年五月二十九日には『インターナショナル・ヘラルド・トリビューン』を始め、米国主要紙に北京五輪ボイコットの意見広告が掲載され、驚くべきことにユダヤ系団体とイスラム系団体がこの意見広告の共同提案者に名を連ねていたのだ。

ダルフール虐殺を支援する国会議員たち

一方、日本はどうだったのか。平成十九年（二〇〇七）九月に一年という短命で第一次安倍政権が崩壊すると、なぜかそこに福田康夫が登場した。安倍政権の路線を継承する首相として麻生太郎の就任が相応《ふさわ》しかったのだが、自民党内の不思議な政治力学が働き、国民の期待を裏切るように親中派の福田政権が誕生した。じつは、福田政権が誕生する前に米国の北京五輪への働きかけと全く逆方向へ日本の政治は急速に流れて行った。

河野洋平は、そんな文脈の中で平成十九年（二〇〇七）三月二十七日に「北京五輪を支援する議員の会」設立総会に出席し、会長に就任したのである。世界中広しといえども、国会議員が北京五輪を支援する会を作っていたのは日本だけだった。北朝鮮ですら、そんなものはなかった。当時チベットでは中国共産党の圧政に苦しむチベット人の焼身自殺が続出していたが、そんなシナの恥辱が日本の恥辱になっていることに、いったいどれだけの日本人が気づいていたのだろうか？

スーダン政府によるダルフールの虐殺は北京の莫大な援助があって初めて可能になっていたが、小泉政権でシナへのＯＤＡ廃止を決定しながら、アフリカ大虐殺のスポンサーである北京政権へ〈虐殺資金〉を送り続けていたのも日本に他ならない。さすが、温家宝首相（当時）の全体主義国家を思わせる国会演説の拍手に呼応した多くの国会議員がいる国だ。ここは、〈大虐殺オリンピック〉を支援する国会議員が二百二十五名もいて、それに疑いを持つばかりか積極的に応援したメディアがある国なのである。

昭和五十七年（一九八二）の宮澤喜一の〈近隣諸国条項〉が、河野洋平の〈河野談話〉を経て、同じく河野の遺棄化学兵器回収プロジェクト、対シナ貿易の政商としての日本国際貿易促進協会会長就任という経緯に至り、ついにスーダン大虐殺とシナの権益確保の闇資金として結実したのだ。

ちなみに、「北京五輪を支援する議員の会」の主要メンバーを眺めると面白いことに気づくはずだ。会長河野洋平、会長代理中川秀直、鳩山由紀夫、幹事長野田毅、会員として青木幹夫、加藤紘一、古賀誠、二階俊博、福田康夫、山崎拓、北側一雄、と自民党、民主党を問わずに、拉致問題解決に関心がないか、消極的か、あるいは問題解決を妨害するような国会議員が顔を揃えていたのである。

明るく屈託のないパステルトーンを色調とした昭和五十七年（一九八二）の日本に産み落とされた一つの胚珠《はいしゅ》が、恐ろしい不気味な黒で彩られたエイリアンに育つまで、二十五年もの歳月がかかったということだ。

ただ、少なくとも私は、八〇年代の只中にいたとき、〈近隣諸国条項〉がここまでメタモルフォーゼを繰り返し、これほど奇怪な悪魔に成長するとは想像すらできなかった。恐らく私と同じような想いの人は多いのではないだろうか。それは、宏池会の宮澤談話、〈近隣諸国条項〉の嘘が、これほど罪深いものだったと気づかなかったからだ。

嘘であるのに嘘でないように流布されたのは、社会の座標軸が歪んでいたとしか思えない。宮澤談話と〈近隣諸国条項〉は近隣諸国を気遣う、贖罪《しょくざい》意識からの善意の方便だったのか？　あるいは、確信的な反日行為だったのか？　いずれにしても十一年後の河野談話にもその疑問は付きまとう。逆に言えば、それだけ宮澤喜一も河野洋平も、存在感も意思も希薄な人間なのだ。それとも、希薄だからこそ悪魔が棲みつきやすかったのだろうか？

そして令和六年（二〇二四）の師走に振り返れば、安倍元総理暗殺後の令和四年（二〇二二）七月八日以降の岸田文雄首相は、財務省をバックにする宏池会を日本の政治の中心に置き、三十年前の宮澤喜一内閣と同じことを繰り返しているように思えてならない。そう考えると悪寒が走る。そして自民党総裁選の決選投票での〈岸田指令〉によって誕生した石破内閣が、組閣人事から始まった崩壊具合が凄まじい様相を見せている。十一月にペルーで行われたＡＰＥＣ首脳会議やブラジルのＧ20首脳会議でも、国の代表のという以前に社会人としての振る舞いもできないということで大顰蹙《だいひんしゅく》を買っている。

2

奪われた言葉――GHQの郵便検閲

現在の日本を襲う、『1984年』の恐怖

さて、前述した『1984年』の恐怖の世界がなぜ、二十一世紀の日本に襲いかかっているのかということに触れなければならない。昭和五十九年（一九八四）の日本の状況がオーウェルの描いた『1984年』と対極にあることは、『オールナイトフジ』などの深夜ライブ番組の性的過剰が国会で問題になったという程度のことで理解できるはずだ。ただ、見過ごせないのは、昭和五十七年（一九八二）に教科書近隣諸国条項が文部省の教科書検定に設けられたことである。簡単に言えば、韓国（そして北朝鮮）、シナの特定アジア三カ国に配慮する歴史記述を教科書でしなければならないということは、それらの国の意向に沿った歴史を書かなければならないこととほとんど同義であり、教科書の記述が信じられない自主規制に縛られているということだ。

私の年代では、つまり近隣諸国条項ができる前に学校教育で歴史を習った者ならば、古代史に必ず登場する任那《みまな》の日本府を誰でも知っているはずだ。ところが、驚いたことに、最近の歴史教科書には中学校、高校を問わず、任那の日本府や、古代日本が高麗《こうらい》、新羅《しらぎ》の連合軍と戦った白村江《はくすきのえ》の戦いがきちんと記述されているのは、育鵬社版と自由社版の中学校の歴史教科書のみなのである。

韓国では国定教科書で異常な歴史教育を行っているのだが、建国五千年神話は史実として教えられ、古代から朝鮮半島が倭国《わこく》に文化や稲作などの様々な技術を教えてきた兄の存在として描かれ、歴史事実に全く関係なく、徹底的に朝鮮半島の日本に対する優位性を教え込まれるのだ。稲作はもちろん朝鮮半島から伝わったものではないのに、野蛮な縄文日本人に弥生文化の担い手である古代朝鮮人が日本列島に文化をもたらしたということになっている。

しかも、古朝鮮という歴史上存在しない古代国家があったことが前提となっている。そんな韓国の歴史観から見れば、任那に日本の植民地、あるいは日本の出張所があったことなど許されざることなのだ。百歩譲って、それが韓国内だけで通用する観念ならまだいいのだが、近隣諸国条項で日本の歴史教育を縛っているとしたら、これほど酷《ひど》い情報操作、言論弾圧はないだろう。

そのような近隣諸国条項ができた昭和五十七年（一九八二）から、日本は特定アジアから徐々に内政干渉を受けて来たのだ。しかも、目立たず、まるでボディブローのように特定アジアが日本にダメージを与え続けている。

そんな内政干渉に加え、メディアや偏向した歴史学者によって、日本の歴史教育は日本人の自由が完全に奪われているのだ。すなわち、知らず知らずのうちに言論の自由が簒奪《さんだつ》され、私たち日本人の魂が管理されていると言っても過言ではない。現在の日本は、情報ヒエラルキーの頂点に君臨する「Big Brother」によって情報が管理、支配され、言葉や思想や歴史までもが、「Big Brother」に統制されるオーウェルの世界そのものなのではないだろうか。

実際、沖縄の集団自決が虚構の軍命令、軍の関与がなければならなかったという共同幻想によって大きな圧力が文部科学省に掛けられ、メディアも一方的に軍命令、軍関与があったとする歪曲史観を暴力的に垂れ流している。終戦間際の沖縄戦で悲劇の集団自決が行われたことは誰でも知っている事実だが、それが八〇年代に端を発し、いつからか悪魔の神話にすり替わっているのだ。その根本原因をつきとめるためにも八〇年代を探り続けなければならない。

ＧＨＱの郵便検閲

一九八五年、米国の圧力で円高誘導させられたプラザ合意が調印されたのはニューヨークのプラザホテルであるが、プラザ合意を振り返る前にどうしても触れなければならないものがある。それは、昭和六十年（一九八五）の四十年前に米国占領軍（連合国軍最高司令官総司令部〔ＧＨＱ〕）によって行われた日本での検閲と言論弾圧である。じつは、プラザ合意の意味は、このＧＨＱによる日本の占領政策に論理的に繋がっているのである。

言葉を奪われることがどれだけその民族にとって苛酷であるか。その一端を垣間見ることができたのは、郵便検閲を行っていた方にインタビューする機会があった時だった。

昭和二十年（一九四五）終戦直後からＧＨＱによって始められた郵便検閲は、多いときで八千人の日本人が従事したと言われている。しかし、不思議なほど検閲官だった人の証言が少ない。昭和三年（一九二八）生まれの横山陽子さんは終戦時十七歳、府立第五高女（現・都立富士高校）に在籍し、作家の津村節子の同級生だった。学徒動員で軍需工場へ赴いていた彼女は、終戦の翌年、日本女子大学に進み、検閲官の仕事に就いた。ここで、『諸君！』（平成十六〔二〇〇四〕年一月号・文藝春秋）に掲載された、そのインタビューを紹介する。

《**横山**　検閲局の上の人たちは進駐軍の将校でしたが、検閲を行っていた人はほとんど日本人でした。学生が多かったですね。私は大学に入っても英語をきちんと勉強していませんでしたから、女学校時代が津村節子さんの本にあるように戦争中で、動員されていましたから。初めクラークという検閲する手紙を配る仕事だったんですが、「そんなことをしていたらもったいないよ」とアメリカ人に言われて、周り中が英語の先生のようなもんですからみんなから英語を教わって、トランスレーターの試験を受けたんです。トランスレーターになってから、ジュニア、ミドル、シニアと三段階を上がって行きました。

――検閲官に三段階のレベルがあったんですか？

横山　入学試験のように長文の和文英訳の試験があり、その結果で分けられたんです。レベルによって待遇は違うんですが、仕事内容は全く同じでした。アトランダムに選ばれた手紙を検閲するので難しい、易しいという区別はなかったです。各セクションにトランスレーターの中から任命されたチーフがいて、ファーストアシスタント、セカンドアシスタントがいました。彼らは私たちの翻訳をチェックするんです。

私はパーソナルセクションという部署でしたが、そのセクションの一番偉い人が進駐軍の人でＤＡＣ（Deputy Assistant Censor）と呼ばれていて、最終チェックをしていました。ＤＡＣの両脇に日本人の優秀なアシスタントがいました。内容があまり酷いと赤だらけになって返されるんですが、私は幸いなかったです（笑）。東京駅前の中央郵便局の中に検閲局があり、三階、四階、五階と三フロアを使っていて、私がいたのは三階でした。

――学校で検閲官の募集をしていたということはなかったんですか？

横山　いえいえ、とんでもない。知り合いに声をかけるという方法が一般的だったんでしょう。もちろん、私は学校に内緒で働いていました。朝起きてから十時まで学校に行き十時から午後三時まで働き、また学校に戻る。学校と検閲局を行ったり来たり大変でした。

仕事を見つけたきっかけは、お隣の奥さんの従兄弟で東大の学生だった人がよくお隣に遊びに来ていたんです。学習院の高等部から東大に行った人で、バンドを作って進駐軍の将校のパーティで演奏していたんです。女の子がいないと殺風景だから行ってくれとお隣の奥さんに言われたんですが、その彼のお姉さんが検閲の仕事をやっていました。

「進駐軍と言ってもじかに進駐軍と接触するわけではないし、学生が多いから」と誘われたんです。「やり方によっては給料もいいし女子学生は東京女子大、日本女子大、津田塾で津田塾が一番多い」と言っていました。学校みたいで結構楽しんで働いていますという話で。私はまずクラークとして採用されたんですが、面接と英語のテストがありました。

父が教員だったんですが、当時の生活は苦しくて大変なインフレーションだったので、給料のうち五〇〇円だけを現金でもらってあとは小切手でした。どんなに努力しても五〇〇円ではとても暮らせません。だから、みんな知恵を絞って内職をしていました。近所の奥さんはお芋のお饅頭をふかして池袋の闇市で売っていて、みんなが貧乏でした。父が堅かったので闇市も認めないし、少しでもいい給料のアルバイトを見つけたかった。

検閲局に行く前に将校宿舎のメイドの面接に一度だけ行きました。青山学院の女の子と一緒になって、「情けないわね、戦争に負けるとこんな事になって」と言っていました。合格したら住み込みだって言うんですね。試験官の将校が気に入ってくれたのか、任期が終わったらアメリカに留学させるからと言うんですよ。その手は喰わぬ（笑）、という感じでお断りしました。本当だったかも知れないし、悪い人だったかも知れない。

——学生以外にはどんな人が従事していたんですか、年齢層とか。

横山　戦争に行かなくてもいいような年格好の方もいました。慶應出の上品な方もいましたが、靴の左右が違っていて、今のホームレスが眩しいような格好でしたね。同じセクションに大連で漢方薬局を営んでいた方もいて、自分が働いて弟さんを学校に出していたんです。支那服を着ていて、夏服冬服それぞれ一着しか持っていませんでした。その方に励まされたことがあって。仕事の内容も内容だし、うら若き乙女にとって何一ついいこともないし、時々落ち込んで一人で涙を流したこともありました。そうすると、自分の苦労話をしてくれました。ここに就職できるまで弟と大根一本を齧《かじ》って暮らしていたと。布団を被《かぶ》って寝ていても動くとお腹が空くので身体を動かさないようにしていたとか。

――見ず知らずの人の私信を一日三〇〇通も見て、それを英訳するという仕事に抵抗はありませんでしたか？

横山　最初はもの凄く抵抗がありました。初めに仕事の説明を受けて「この廃墟の中で苦しんでいる日本人の生活を復興させるために、進駐軍は日本人の本当の姿を知る必要がある。進駐軍が日本人の生活を把握するための大切な仕事なんだ」と言われました。それはそうだと思うんですが、ここでやっている仕事のことは口外してはいけないと言われました。

なぜなら、この仕事の意味を一般の日本人は分からないので裏切り行為だと思われるからと。そう言ったのはマッシマという将校だったんです。二世だと思っていたんですが、どうも違ったらしいです。なぜ、そういうポジションにいたのか分かりませんが。あの時、父が五〇〇円しか現金で給料がもらえないと苦しんでいたときに私の最初の月給が四五〇円だったんです。クラークの時は一〇〇〇円以下でしたが上級になったときは家族を養えるくらいの三〇〇〇円をもらいました。昭和二十三年に婚約して仕事を辞めるころは八〇〇〇円になって、辞めた後も差額が三カ月分も支払われました。

——記憶に残った手紙はありますか。

横山　けっこうありました。田舎の人に東京は今こんな状態だとか、物価はどうだとか、そういうことを知らせる手紙が多かったので、検閲する手紙にプライスリストという分類がありました。プライスリストの手紙に当たると検閲が楽だったんです。お米が幾ら、ゴボウが幾らと翻訳すれば良かったので。野菜の名前は随分覚えましたね（笑）。それと、皇室の方が女優さんに出したファンレターとか（笑）、皇室関係は開けてはいけないことになっていました。見たいなと思ったんですが（笑）。

——占領軍の暴行を目撃したという手紙を書いた人が逮捕されているんです。占領軍を批判したり、アメリカへの反抗的な内容の手紙はありましたか？

横山　逮捕はあったでしょうね。私は幸いなことにその種の手紙は見なかった。進駐軍のことを批判しながらマッカーサーへ感謝の言葉を書いた手紙は結構あったんです。もの凄く濃厚なラブレターを読んで腰を抜かしたこともありました。髪の毛を抜くと毛根まで抜けるでしょ。毛根は便箋にくっつくんですよ。それを便箋に何本も並べて貼ってあったんです。

――（笑）凄いですね。でも、殺伐とした話題の中でなかなかいいんじゃないでしょうか。ところで、今、検閲の仕事をしたことを振り返って、何を一番私たちに伝えたいですか。

横山　結局、郵便検閲をされるようになったのは、これぞ、戦争に負けるということなんだ。戦争はしてはいけないものだけど負けたときの惨めさですね。自分たちのプライバシーがゼロになってしまって、それでも何も言えない。そういう状態に陥るのが戦争で負けるということなんだ。それを言いたいですね。（「ＧＨＱの郵便検閲を振り返って　横山陽子さんに聞く」）

ＧＨＱの検閲は二方面作戦で行われた。一般国民の私信をチェックしたのはＣＣＤ（民間検閲局）で郵便検閲が主たる任務だった。それは日本人の目に見える検閲だったが、より深刻なのはＣＩＥ（民間情報教育局）が行った目に見えない検閲だった。新聞、ラジオ、雑誌、映画などのメディアの検閲で、情報がどのように操作され、どういう指向性で組み立てられ、歪曲されるかという実態が情報の受け手には不可視だったのだ。新聞もそうだが、有名なＮＨＫラジオの『眞相はかうだ』『眞相箱』などの番組は、米国の太平洋戦争史観を徹底的に日本人に刷り込むことに成功したのである。

ＣＩＥ検閲下の占領期メディアは、ＧＨＱの指令で「大東亜戦争」という言葉の使用が禁じられたことを、裏側から見事なまでに補完していた。

また同時に、今まで全く看過されていたもので、近年西尾幹二による研究で明らかになった「焚書《ふんしょ》」という言論弾圧も、ＧＨＱによって巧みに行われていた。「焚書」は「宣伝用刊行物没収」という名称で、なんと文部省主導で行われていた。昭和二十一年（一九四六）に開始されたときはＧＨＱによる日本政府への指導という形だったが、実際はＧＨＱの命令であり絶対的なものだった。米国は「自由」と「民主主義」を封建的な軍国主義国家、日本へもたらしたという大嘘を誤魔化すために、日本政府が主体的に行うという形式を取っていたのである。

いまだ被占領から抜け出せない日本

結局、今私たちが生きている空間は、敗戦後に主権と言葉を奪われた〈被占領空間〉から脱することができない、そのままの状態なのではないだろうか？　戦後四十年という区切りは戦後という概念としても長過ぎるが、昭和六十年（一九八五）前後の出来事を振り返ると、どうしてもそう思わざるを得ない。

世界史の常識では〈戦後〉とは十年ぐらいのスパンを指すものだ。ところが、わが国では何十年経っても「戦後何年」という話題が永遠にジャーナリズムから湧き起こる。それは、無意識の内に日本人が自らを戦後という限定された時代に囚われた、ある意味、戦後という保育器の中に永遠に引きこもっていたいという願望を吐露していることに他ならない。やはり、昭和二十年（一九四五）真夏の敗戦は、それだけの引きこもり状態を生み出す絶対的なトラウマになっていたのだ。と同時に、言葉を奪われ、七千冊以上の書物を没収されたというＧＨＱによる野蛮で非文明的な行為を、私たちは厳しく追及していかなければならない。

検閲については江藤淳が研究の先鞭をつけ、その後多くの研究者、歴史家などが膨大な米国メリーランド大学のプランゲ文庫の資料と格闘している。その一方、「焚書」の研究はほとんど手付かずと言っていいだろう。昭和五年（一九三〇）から昭和十九年（一九四四）頃までに出版された、七千冊以上の書物が、占領軍統治後に書店や流通経路から姿を忽然《こつぜん》と消されていたのだ。

没収された書籍のジャンルは、社会科学から人文科学、軍事、翻訳書などあらゆる分野に及び、戦争に直接関係ないものまで含まれていた。教育関係の有識者が没収官に任命され、都道府県知事と警察によって組織的にそれらの書籍が収奪されたのである。

民主主義と言論の自由をもたらしたことになっている連合国軍総司令部が、よもやの焚書という野蛮な行為を行い、ましてや多くの日本の知識人が占領下の官僚の下で非文明的、かつ民族への背信的な所業に積極的に協力したのである。

郵便検閲の「検閲官」と焚書の「没収官」。それらの仕事に従事した人は先に触れた検閲官の横山陽子さんのように正真正銘の日本人である。多くの日本人が占領期の日本人の思考空間を規定する仕事に就いていたわけで、とりわけ焚書の「没収官」は、昭和五年（一九三〇）～昭和十九年（一九四四）の日本人が何を考えていたのかという精神的所産を葬り去る、日本人に対する重大な犯罪行為を行った。にもかかわらず、「焚書」の実態すら戦後七十九年の今日になっても明らかにされていないのである。

敗戦後、日本人は占領者に強いられたとは言え、自らの手で自らの記憶の消去を試みたのだ。その事実から、私たちは何を見ることができるのであろうか？　戦前の歴史はおろか、戦後史すら客観的に相対化できない日本人の知性の貧困さが透視できるのではないだろうか？

自らの歴史を客体化し、客観的評価を下すことによって初めて自らの軌跡を凝視することができ、そこから成功と失敗の分岐も視野に入ってくる。そこで私たちは、初めて大東亜戦争の失敗の原因も知り得るのである。しかし、戦後の日本人が何をやって来たのかということすら知り得ない状況になっていることを、私たちはより深刻に自覚しなければならない。

八〇年代を振り返る本書で、改めてこのようなことを問い直す意味をご理解いただきたい。そうすれば、八〇年代をただ単に〈ポストモダン〉とか〈ポスト戦後〉などという標語で呼ぶことの無意味さが自ずと明らかになるのである。すなわち、八〇年代をパースペクティブな、日本の近代史、あるいはより広がりを持った時間の中で位置づけ、再評価する必要がある。また、八〇年代はまぎれもなく、それだけの価値がある「黄金時代」だったのである。

注1　反日姿勢が強いシナ、韓国、北朝鮮の三カ国のこと。封建制度が発達しなかったシナと朝鮮（韓国と北朝鮮）は、中世から近代化に向かわざるを得なくなり、それだけ近代化が遅れ、国民国家としての概念の確立も当然遅れた。古田博司の『日本文明圏の覚醒』（筑摩書房）や一連の研究でも東アジアの歴史的時間のタイムラグに言及している。

第四章

一九八五「同時代文化」の輝きとプラザ合意

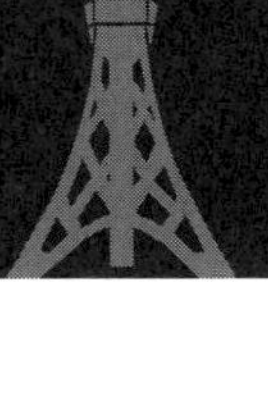

1 RCサクセションとYMOとホンダF1

RCサクセションの位相転換

昭和六十年（一九八五）は画期的な年になった。昭和の御世《みよ》が六十年を迎えたこの年、〈大衆〉から〈分衆・小衆〉へと日本の常民の存在形態が変化したという仮説の是非を問わずとも、高度大衆社会が成熟、あるいは、爛熟《らんじゅく》、退廃へ向かい、何らかの結節点を迎えていたのは確かだった。その分水嶺を肯定すべきかどうかは別問題としても、それだけの変化があったからこそ、昭和五十九年（一九八四）に山崎正和の『柔らかい個人主義の誕生』や藤岡和賀夫の『さよなら、大衆。——感性時代をどう読むか』、博報堂生活総合研究所の『分衆の誕生』が出版され、さらに、『漫画ブリッコ』六月号に中森明夫の「おたく」という言葉が現れたのだった。

〈大衆から小衆・分衆へ〉というテーゼと〈オタク〉という概念には共通点がある。そもそも「おたく」はエロ漫画、ロリコン漫画やアニメを偏愛する特殊なファンを揶揄《やゆ》する言葉だったのだが、現在では、一般的にその対象を問わず〈マニア〉を意味する新語として〈オタク〉という言葉が広く使われだしたと解釈するべきだ。とすれば、鉄道オタク、映画オタク、歴史オタクという使われ方が普通になった現在から顧みれば、八〇年代に「ニューアカ」と呼ばれた、いわゆるニューアカデミズムの系譜を、〈アカデミズム・オタク〉と称しても違和感なく受け止められるのではないだろうか？

そうすると、ニューアカデミズムがポストモダンブームと重なっていたのなら、八〇年代のポストモダンも、ただの〈ポストモダン・オタク〉と表現できる。日本が良くも悪くも近代化を成し遂げたのは平成の御世、それも二十一世紀に入ってからというのが私の仮説である。

その決定的な根拠は、小泉改革の一環として国会に提出されそうになった「皇室典範改正法案」なのである。平成十七年（二〇〇五）一月に結成された小泉首相の私的諮問機関「皇室典範に関する有識者会議」は、十カ月足らずわずか三十数時間の〈議論〉で、「女性・女系天皇の容認」と「第一子優先」という有史以来の皇位継承のルールを無視した結論を出したのだ。

まさに、近代化の悪しき面を絵に描いたような有識者会議だった。

つまり、前章で触れたように、近代化が終わっていない時点でのポストモダンなど、字義解釈上も、論理的にもあり得ないもので、現在こそ、全ての混沌と矛盾を一気に引き受けざるを得ないポストモダン的状況なのである。

第二章の最後で、RCサクセションを八〇年代に見られるマイナーなものがメジャーなものにすり替わっていく典型的な例として挙げたのだが、換言すれば、それはサブカルチャーのメインカルチャーへの位相転換なのである。もちろん、ロックというサブカルチャーの中でのマイナーからメジャーへの位相転換なので、正確には文化という範疇《はんちゅう》での位相転換とは言えないが、ここで「同時代文化（contemporary culture)」というカテゴリーを定義してしまえば、サブカルチャーという言葉すらも死語となるのである。

YMOと「同時代文化」のエネルギー。そして大瀧詠一の『ア・ロング・バケーション』

同時代文化の明るいエネルギーは、それが誤解だったとしても——今から振り返れば、誤解ではなく、単に負の面まで見えなかったということだが——新しい時代の到来を予感させるものだった。じつは、七〇年代後期に私はＲＣサクセションがどん底にあった時期に接点があった。当時、二十代半ばの私はレコード会社でディレクターをしていて、まだ中学生だった杉田かおるの歌手デビューや内藤やす子の再デビューなどの仕事に関わっていた。

ＲＣサクセションの忌野清志郎は中学校のクラスメイトだったこともあり、「僕の好きな先生」というヒット曲の後、鳴かず飛ばずで活動を休止していた忌野に私は接触をした。勤めていたレコード会社で「ＲＣ」をリリースできる可能性があるかどうか判断をしたかったのだが、彼にライブに来るように言われ、私は渋谷のライブハウス「屋根裏」に何回か足を運ぶことになった。

昭和五十四年（一九七九）の屋根裏で私が見たのは、得体の知れない凄まじいエネルギーの炸裂と、何か新しい波の予兆だった。ＲＣサクセションに、「カルメン・マキ＆ＯＺ」のギタリスト、春日博文が加わっていて、屋根裏という小さなライブ空間が熱狂的な若い女性の観衆とともに大きくドライブしていた。春日博文のギターも素晴らしかったが、何よりも忌野のか細い身体から発するオーラが屋根裏を異次元の祝祭空間に変えていたのだ。

「これは、来るな」というのが私の直感だった。

しかし、上司の「あんな声は売れるわけないよ」の一言で、デモテープの録音すらできず、彼らをスタジオに呼ぶこともできなかった。ポリドールとの契約が切れ、生活費にさえこと欠く忌野だったが、キティレコードからリリースしたシングル、「ステップ」がヒットチャートを急上昇するまでそれほど時間は掛からなかった。そして、八〇年代には日本武道館を満員にするまでブレークしたのは前述した通りだ。

たまたまこのように、マイナーからメジャーに駆け上がっていったロックバンドを間近で見ていたので、「大衆の分衆化」とサブカルチャーの位相転換の一例を具体的に回想できるが、恐らく他の文化コンテンツの事例も似たようなパターンだったのだろう。

また、一方では、八〇年代の音楽シーンを代表するＹＭＯ（イエロー・マジック・オー

忌野清志郎はRCサクセションのほか、DANGER、THE TIMERSなど数多くのバンド、ユニットを展開した。2009年5月2日逝去　写真／時事

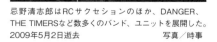

ケストラ）の存在もある。細野晴臣、坂本龍一、高橋幸宏の三人が昭和五十三年（一九七八）に結成したＹＭＯは、シンセサイザーを多用しコンピュータを重要な演奏ツールにしたことで、テクノサウンド、テクノポップと呼ばれた。すでに昭和五十四年（一九七九）にファーストアルバム『Yellow Magic Orchestra』を米国Ａ＆Ｍからリリースしていたｙ ＭＯは、八〇年代にはロンドン、ニューヨークを中心に海外ツアーを行い、新鮮な驚きを与え、熱狂的な歓迎を受けた。これはもちろん、アルファレコードの村井邦彦のプロデューサーとしての力量とプロモーション戦略が見事に成功したもので、八〇年代最初からのメジャーデビューとも言えるのだが、アルファレコードという存在自体がそもそも日本の音楽産業でマイナーな存在であり、作曲家としての村井邦彦も七〇年代にニューミュージックと呼ばれた、傍流の存在だった。

ＹＭＯは昭和五十五年（一九八〇）四月には、小学館の雑誌『写楽』の創刊イベント「写楽祭」に出演、六月には、スネークマンショーのコントを織り交ぜて制作された四枚目のアルバム『増殖』を発表し、オリコン・チャート初登場一位という堂々たるセールスを展開したのだ。そして、突如彼らは昭和五十八年（一九八三）に散開（解散）する。ＣＭや歌謡曲の作曲にもメンバーが各自取り組みながら、突如現れたＹＭＯは八〇年代の音楽シーンを席捲したまま、大きな影響を残してそれぞれのソロ活動へ移行していった。

ここで最後に触れたいのは大瀧詠一だ。七〇年代から松本隆、鈴木茂、細野晴臣と日本語ロックのさきがけとなった「はっぴいえんど」を結成し、作曲、編曲、プロデュースと多彩な活動を続けていた大瀧は、昭和五十七年（一九八二）にヒットアルバム『ア・ロングバケーション』をリリースする。

そもそもはっぴいえんどが才能の塊だった。大瀧が松本隆、鈴木茂、細野晴臣を異なった位相でミュージシャンとしての才能を開花させていった背景には、やはり七〇年代からの日本の音楽シーンの成熟と発展があった。

名盤『ア・ロング・バケーション』はそのタイトルが象徴的だった。日本が八〇年代を迎えて〈ナンバー・ワン〉の地位を文化の領域でも摑もうとしていた時に、さあ、そろそろ長い休暇を終えて仕事に戻ろうか、という意識を国家全体で感じ取る時期だったことを象徴していたのではないだろうか。ところが日本は、八〇年代の黄金時代を駆け抜けながら、そろそろ長い休暇を終えようや、という掛け声を誰も発することができず、長い休暇のまま平成の御代、九〇年代を迎えることになったのである。

YMOとホンダF1エンジン

嵐のように八〇年代初頭の三年間を駆け抜けたYMOは、システマティックに市場を誘導したという意味で、極めてマーケティングに卓越した〈商品〉だったと言える。しかし、その一方で、時代が要請していた新しい刺激や渇望を見事に満たす優れた文化的テキストであったことも間違いない。そんなYMOのスタンスは、資本主義の論理の中で資本主義を意図的にとことん愉しむという彼らの欲求を自然に叶えたものだった。

それは、かつて西武百貨店のオーナーだった堤清二が資本家でありながら辻井《つじい》喬《たかし》という作家であることで可能としていた、〈西武・セゾン文化〉という八〇年代文化の構造と似通っていたのだ。というより、同質のものと言ったほうがいいのかも知れない。いずれ〈西武・セゾン文化〉の功罪への細かい言及もしなければならないが、YMOと〈西武・セゾン文化〉が八〇年代の頂点である昭和六十年（一九八五）へ向けてわが国の消費文化を、いや文化そのものを良くも悪くも領導していたのは確かなことだった。

そんなYMOの特徴を象徴的に表す出来事があった。彼らの最後のコンサートツアーを収録した記録映画のタイトルに込められた諧謔《かいぎゃく》と自嘲《じちょう》と挑発は、一種の確信犯なのである。

『プ、ロ、パ、ガ、ン、ダ、』（傍点西村）と名づけられた記録映画が昭和五十九年（一九八四）四月に公開されたのだった。

第一章で言及した島田順子、川久保玲、山本燿司という三人のデザイナーのパリコレデビューと同位相でＹＭＯは機能し、今日の「Cool Japan」という二十一世紀のジャパンブーム（ジャポニズム）の源流になったが、本田技研が昭和六十年（一九八五）に開発したＦ１用レーシングエンジン、「ＲＡ１６５Ｅ」こそ、もう一つの側面から日本の輝かしい黄金時代を象徴するものだった。

市田克巳《かつみ》を中心に開発されたこのレーシングエンジンは、一五〇〇ccの排気量で、何と一二〇〇馬力の出力を可能とするターボエンジンで、人類がこれまで一度も到達したことがない限界値を完全に超越した、スーパー・レーシングエンジンだった。

ウイリアムズチームがこのエンジンを搭載すると、ポルシェ、ＢＭＷ、ルノー、フォードなど欧米自動車メーカーが死力を尽くして開発していたエンジンを搭載する他チームは全く勝てなくなり、翌一九八六年からのターボ規制のレギュレーション変更に繋がっていく。さらに、フランスを中心とする日本異質論の勃興と日本叩きを用意することになるのだ。

中曽根康弘の振幅

八〇年代の文化を表す「同時代文化（contemporary culture）」という言葉の定義を試みたのだが、さらに詳細な解析が必要となって来る。「同時代文化」はサブカルチャーという言葉すらも死語となる、明るいエネルギーに満ち満ちた包括的な概念として規定したいのだが、表面の明るさや、一瞬、開かれた気持ちに包まれる何かを予感させる新しい可能性とは裏腹に、実は「同時代文化」は限定された空間の中でしか輝けないものだったのかも知れない。

なぜなら、その明るさ、その開放感は、日本が戦後空間をこじ開けてそこから抜け出そうという意思と表裏一体のものだったゆえに、そんな日本の動きのベクトルの方向に制約を受けざるを得なかったからだ。プラスとマイナスの振幅の中で、「同時代文化」は日本や海外の社会的、政治的動きに収斂《しゅうれん》せざる得ない宿命を背負っていたのである。

経済だけでなく文化も含めた日本の国力の上昇曲線に伴うように、中曽根内閣は昭和五十七年（一九八二）に誕生した。鈴木内閣の宮澤喜一官房長官による「教科書近隣条項」という負のベクトルを押し戻し、二年後の昭和五十九年（一九八四）、中曽根首相は「戦後政治の総決算」というキャッチフレーズを華々しく掲げたのである。

その背景には、八〇年代に入ってからの高度資本主義と高度大衆社会を実現させた、日本の高密度な国家的パワーがあった。その中曽根内閣のキャッチフレーズをまさに具現化するものとして、昭和六十年（一九八五）の「靖國神社公式参拝」があった。

ところが注意深く振り返れば、当時の日本には敢えて「靖國神社公式参拝」をスローガンとしなければならなかった事情があったのだ。というのも、七〇年代までは首相が仰々しく「靖國神社公式参拝」と言うまでもなく、ごく自然に「公式」参拝が行われていて、昭和天皇も当然親拝されていたのである。だが、前年昭和五十九年（一九八四）までの靖國参拝は、中曽根首相は内閣総理大臣の職務としてでなく私人として参拝していた。昭和六十年（一九八五）に、初めて総理大臣の職務として「公式参拝」を行った。

これには、サヨク勢力と左傾旧メディア、さらにそれらと連携する朝鮮半島やシナ大陸の人々が、三木首相の時代から首相の公式参拝は日本国憲法の政教分離に違反するという曲解から批判し始めたことが背景にある。日本の宗教のあり方、神道と神社の役割を歴史的にも文化的にも正確に理解していれば、為政者の神社参拝が政教分離とは全く無関係であることが分かる。政教分離に厳格な米国憲法下で、米国大統領が就任宣誓式で聖書に手を置き宣誓することと同じなのである。にもかかわらず、当時から朝日新聞の情報操作と偏向報道が、まるでＧＨＱ占領期の検閲メディアのような切り口で、日本の伝統的な慣習、文化に攻撃の刃を向け始めていたのだ。

しかも、朝日新聞のミスリードに誘われて、シナで首相、閣僚の靖國［公式］参拝への厳しい批判が急に巻き起こるようになった。そこで、中曽根首相は翌昭和六十一年（一九八六）から、靖國参拝を止めてしまうのである。中曽根首相は、極めて親密だった胡耀邦《こようほう》主席の失脚を防ぐためだったと後に何度か語っている。

ただ、いずれにしても、中曽根首相によって大きく戦後空間が開かれ、日本が主権国家として再生に歩み始め、一歩前進して、圧力で一歩後退するような振幅の中で、日本が揺れ動いていたことは確かなのだ。一歩前進し、二歩後退し、二歩前進し、一歩後退するという歩み方で、戦後空間を覆う殻を内側から切り開こうとしていたのである。そして、その振幅に同調するように、「同時代文化」が不思議な光彩を点滅させていた。

ゴルバチョフがソ連に登場したのも一九八五年だった。彼の登場も時代の流れを加速させて行く。そんな激流の中で、プラザ合意が調印された。

昭和六十年（一九八五）九月二十二日、ニューヨークのプラザホテルに、日、米、英、西独、仏の五カ国の蔵相、中央銀行総裁が集まり、ドル高是正への協調介入を実施する合意が成された。当時、米国の経常赤字は拡大を続け、世界経済に混乱をもたらす不安が高まっていたのだ。ドル高・自国通貨安を背景にした日本からの輸出増加が赤字拡大の主因とされ、米国内で急激に強まった保護貿易の動きが、円高誘導への強い圧力になった。

日米欧の主要為替市場で協調介入が始まり、一ドル＝二百四十円台だったドルは、二年後には百二十円まで下落し、ドル安の流れの中で米国の経常赤字は一九九〇年にかけて解消することになったのである。世界最大の経済大国や西欧先進

G5の蔵相・中央銀行総裁によるプラザ合意。同合意が成立し、円の強さと日本の経済的覇権が西側先進国の総意として抑制されることになる。 写真／時事／dpa

国の悩みの種、言葉を換えれば、〈敵〉が日本だったのである。標的にされた日本は輸出を犠牲にする円高を余儀なくされた。

その後、日本ではバブル経済が膨らみ始め、未曽有の状況を迎えることになるが、中曽根首相が退陣する昭和六十二年（一九八七）まで円高不況も進行していたのだ。

その後、経常赤字やサブプライム問題で米国経済は再び暗黒期を迎え、当時好況だった欧州でもギリシャは経済破綻寸前であり、ギリシャを支えるEUそれ自体の危機、そしてユーロの崩壊まで囁《ささや》かれるようになった。

二十五年後の平成二十四年（二〇一二）、日本は再び円高を余儀なくされたが、八〇年代に西側先進国のテーブルで独り勝ちをするカードを切り続けていた日本は、白人連合に華やかなスポットライトを浴びるステージから引きずり下ろされ、経済戦争で長期の敗北を喫している。それも〈失われた三十年〉の正体の一面なのである。

このように、八〇年代に日本人が輝ける黄金時代をまさに築こうとしていたピークに於いてでさえ、私たちは占領期の呪縛から解き放たれることはなかったのである。

2 ポスト「プラザ合意」の八〇年代

一瞬の光芒を輝かす道へ

九月二十二日のニューヨーク・シティは、まだ夏の香りが残っていた。もちろん風は冷たくなっていたが、プラザホテルから覗《うかが》うセントラルパークの緑は鮮やかだった。この日の〈合意〉が経済戦争での日本の敗北を意味したことは間違いなかったが、日本の一人勝ちが西側先進国の間で許されないという原則がデフォルト（初期設定）として存在したことに加え、もはや誰も一人勝ちができないという冷戦後の九〇年代を見据えたものになっていたのである。

しかしそれは、取りも直さず、日本が米国の庇護の下で経済的繁栄を謳歌《おうか》していたという事実を何よりも雄弁に物語っている。米国にとってみれば、日本に一人勝ちさせないように円高を誘導したのは、日本の経済力をソ連との冷戦に勝利するために利用することで日本にも自由社会での恩恵をもたらすことで帳尻を合わせられるという論理だった。

しかも、プラザ合意以降の西側諸国では、先進国（G7サミット参加国）以外でも、中央銀行が機能すれば、金融市場が原因となる大恐慌はあり得なくなった。預金者保護と金融機関の連鎖倒産防止に、中央銀行が金融機関の保護と救済に当たることが当然となっていったからである。あくまでも中央銀行が機能すればという条件付きだが、皮肉なことに、市場原理で動くはずの先進国の金融機関が、国家や国際機関の保護を受けるという構造に変化していくのである。

ただ、プラザ合意に秘められた米国の罠《わな》は狡猾《こうかつ》だった。プラザ合意には円高と邦銀の過剰貸付を促進し、ジャパン・マネーの米国買いを促進する狙いが隠されていた。日本の企業と邦銀、金融資本は先を争って、米国の金融資産や不動産を買い漁り、米国企業への直接投資を支援したのである。米国にはプラザ合意によるドル安の効果が浸透し続け、日本やヨーロッパの内需拡大の影響も加わり、一九八七年以降は個人消費の伸びの鈍化を補う形で輸出が増加、外需寄与度がプラスに転じることになる。

米国の陰謀だったかだったかどうかは別にして、ロッキード事件で逮捕された田中角栄が突然脳梗塞で倒れたのが昭和六十年（一九八五）二月二十七日だった。腹心の竹下登が

「創政会」を旗揚げしたからだと言われているが、七カ月後のプラザ合意に、病床の田中角栄は何を思ったのだろうか？

しかし、それでも米国は、八〇年代末期に実質ＧＮＰ成長率が、一九八九年第２四半期から一％に低迷し、さらに九〇年代には、個人消費や住宅投資の停滞傾向が鮮明となり、一九九〇年第４四半期の実質ＧＮＰ成長率がマイナス一・六％にまで落ち込んでいく。つまり、プラザ合意から八〇年代末期にかけて、日本は今述べてきた複合的な要因により、一瞬の、幻の黄金の光芒《こうぼう》をさらに輝かすことになるのである。

〈ソフトウェアとしてのクルマ〉――ホンダＦ１の原点

田中角栄が倒れた後、三月十四日に上越東北新幹線が上野駅乗り入れを開始し、十月二日に関越自動車道が全線開通したのは、これ以上ない歴史の皮肉だった。確かに、整備が進む高速道路網が日本のモータリゼーションに与えた影響は大きかったが、日本のモータリゼーションの根本的な欠陥は二十一世紀の今になっても一向に改善されることがない。

自動車をハードウェアとしてしか捉えられない日本の行政は、当然、自動車専用道路もハードウェアとしてしか見ることができない。〈ソフトウェアとしての自動車〉とは、単に目的地に快適に早く到達できるかというモビリティの問題ではなく、自動車をいかに操るかという、自動車に乗る楽しみ、すなわち〈遊び〉がテーマになってくるのである。

一九八〇年に日本の自動車生産台数は米国を抜いて世界一になったが、あくまでもその数値は、〈ハードウェアとしてのクルマ〉を示すものだった。しかし、〈遊び〉を忘れない自動車会社も日本に存在していた。それは本田技研である。

昭和六十年（一九八五）にそれまで日本になかった〈ソフトウェアとしてのクルマ〉という概念を提示する出来事があった。これまで何度かホンダF1について触れていたが、どうしてもプラザ合意と関連してここで詳述しなければならない。

そもそもクルマが誕生した直後からモータースポーツはクルマの技術革新と共に発展してきたもので、〈ハードウェアとしてのクルマ〉の発達とパラレルに〈ソフトウェアとしてのクルマ〉もクルマ先進国では発展していたのである。それが、クルマをいかに操るか、いかに速く走らせることができるかを競うモータースポーツの本質である。モータースポーツがもたらしたものは、技術的な革新だけでなく、人とクルマとのインターフェースであり、モータリゼーションが促すクルマ社会が、実は人本位のものでなければならないという逆説を、ごく自然に表現したものだった。

第一回目のグランプリレースが、クルマが誕生した直後の、量産車であるT型フォードもまだ生まれていない一八九四年にパリ、ルーアン間で行われた歴史が、何よりもそれを物語っているのである。日本で最もモータースポーツに深く関わってきたクルマ会社は本田技研である。創業者の本田宗一郎その人が、〈ソフトウェアとしてのクルマ〉のあり方を生涯を掛けて追求していたからだ。

本田宗一郎はアート商会の社長時代の昭和十一年（一九三六）に、多摩スピードウェイで開催された「第一回自動車競走大会」に自作のレーシングカー「浜松号」で出場している。戦後に本田技研を設立した後も二輪世界グランプリに日本で真っ先に挑戦し、まだ四輪を生産する以前の昭和三十九年（一九六四）にF1グランプリに挑戦するような破天荒な企業だったから、〈ソフトウェアとしてのクルマ〉という概念を理解できていたのである。

昭和六十年（一九八五）十月六日、プラザ合意の二週間後に英国ブランズハッチ・サーキットで、F1世界選手権第十四戦、ヨーロッパグランプリが行われた。コンピュータによるエンジンマネージメントシステムが当時のターボエンジン時代のF1GPで最も重要だった。いかに少ない燃費でどれだけ速く走らせることができるか、どれだけ馬力を出せるのかという究極の二律背反に挑まなければならなかったからだ。

Ｆ１プロジェクトのリーダーだった桜井淑敏《よしとし》は、七〇年代に米国カリフォルニア州の排ガス規制、マスキー法を世界で初めてクリアーするＣＶＣＣエンジンの開発を二〇代で成功させ、当時四十一歳にして本田技術研究所の取締役に就任していた。桜井はＣＶＣＣエンジンの開発でチームを組んでいたテストエンジニアの後藤治を昭和六十年（一九八五）からＦ１チームに抜擢した。

このブランズハッチのレースからホンダは開発を重ねたＲＡ１６５Ｅの新バージョンのエンジンを投入する。当時、ホンダＦ１チームはウイリアムズという英国のチームにエンジンを供給していた。桜井の強い要請でウイリアムズもシャーシの改良を重ね、タイヤに負担が掛からないシャーシになっていた。ナイジェル・マンセルが終盤独走し、周回を重ねるごとに英国人の大観衆は久々の地元のヒーロー誕生に興奮し、誰かれとなく抱き合ってマンセルに声援を送った。

七十五周目を走り抜け、ロータス・ルノーのアイルトン・セナに二十一秒以上の差をつけてマンセルがチェッカーを受ける。ウイリアムズ・ホンダのピット前ではウイリアムズとホンダのメカニックが、ユニオン・ジャックと日の丸をピット・ウォールで激しく打ち振った。

そしてターボエンジンは禁止された

昭和六十年（一九八五）から、ウイリアムズ・ホンダが勝利の際に英国国旗と日の丸を振ることにしたのは桜井の提案だった。「国際化の時代を迎え、異人種の混成チームが一つの目的に向かって力を合わせることが重要だった。色々なことを試すことができて本当に楽しい時期だった」と桜井がかつて語ってくれたことがある。

ブランズハッチの後も、ウイリアムズ・ホンダは南アフリカGPでマンセル、オーストラリアGPでロズベルグと勝ち続け、シーズン終盤を三連勝で終えた。つまり、翌昭和六十一年（一九八六）はウイリアムズ・ホンダの年になることは約束されていたようなものだった。

ホンダF1〈黄金時代〉の最後のプロジェクトリーダーだった後藤治は、昭和六十年（一九八五）のブランズハッチのレースが生涯忘れられないレースだ、と打ち明けてくれたことがある。後藤は桜井の後を継ぎ、昭和六十三年（一九八八）からホンダF1チームの監督を務め、アイルトン・セナ、アラン・プロスト、ゲルハルト・ベルガーら世界のトップドライバーと数限りなく勝利の美酒を味わったのであるが、それでも昭和六十年（一九八五）のブランズハッチが最も印象的だったと言った。

なぜなら、テストエンジニアとして燃費のマネージメントシステムに寝食を忘れて取り組んだ結果、初めて想定できる限界でマシンが三〇〇キロを走り抜け、後藤の思惑通りに勝利したレースだったからだ。

そして迎えた昭和六十一年（一九八六）。世界中のジャーナリストの予想通り、ウイリアムズ・ホンダが勝利を重ねた。だが、老練でステディな走りを見せるアラン・プロストが乗るマクラーレン・ポルシェにもチャンピオンを狙える力がある。ターボエンジンの開発に後れを取っていたフェラーリもヨーロッパの名誉を掛けてホンダに負けないエンジンを目指して開発を進めていた。さらに、ＢＭＷも虎視眈々《こしたんたん》とチャンピオンの座を狙い、ブラバムチームの天才デザイナー、ゴードン・マーレイと冬のシーズンオフに開発に多大な時間を費やしていたのである。

そして、何よりも、予選のここ一番という走りで神懸ったパフォーマンスを見せるアイルトン・セナの駆るロータス・ルノーも不気味だった。当時はまだ国営企業だったルノーは、Ｆ１史上初めてターボエンジンを持ち込んだというプライドから、日本製のエンジンには絶対に負けるなという至上命令が上層部から下されていた。

ルノーは、アイルトン・セナのために予選用に開発した特別エンジンを持ち込んだ。予選で壊れても最速を出せればいいのだ。昭和六十一年（一九八六）のＦ１ターボエンジンは各社の鎬《しのぎ》を削る開発でレースごとに進化していった。翌一九八七年から開発競争に歯止めを掛けるためという名目で――実際は太刀打ちできなくなったホンダエンジンへの規制以外の何物でもなかったのだが――ターボエンジンの過給圧（ブースト）は最大四バールまでと規制されたが、この年は技術上の規制がなく、瞬間的に五バール、六バールという過給圧で凄まじいパワーがサーキットに撒き散らされていたのだ。

確かに過給圧が無制限になれば、いくら最高のテクニックを身に付けているＦ１ドライバーでもコントロールが難しくなり、レースが危険に晒される。実際、シーズン開始前に行われていた南仏のポール・リカール・サーキットでのテスト走行で、将来を嘱望されていたエリオ・デ・アンジェリスが、ブラバムＢＭＷのリアウイングが高速コーナーで脱落するという事故で帰らぬ人になっていた。

どれだけパワーを出せるかということがこの年のＦ１ＧＰの最大のポイントになってい

た。ＦＩＳＡ（国際自動車スポーツ連盟）とＦＩＡ（国際自動車連盟）は、ターボエンジンの規制を発表し、一九八七年は最大四バール、一九八八年は最大二・五バールと過給圧に上限を設け、一九八九年からはターボ禁止、全マシンが自然吸気エンジンでの走行が義務づけられることになったのである。

戦争としてのF1グランプリ

つまり、一九八六年はＦ１ターボ時代の究極のパワー戦争が展開されていたことになる。ホンダＲＡ１６６Ｅというコードネームを持つＶ６ターボは、予選時のセッティングで一五〇〇ccで何と一二〇〇馬力ものパワーを絞り出していた。世界中のどのメーカーより優れた技術でエンジンを作り、その結果としての勝利がある、と桜井は考えていた。技術力で世界を制覇することが本田宗一郎の夢だったのだから、ホンダＦ１チームは、そういう意味でもホンダイズムを体現する戦闘集団だった。桜井がこう語ってくれたことがある。

「Ｆ１は戦争です。勝つためならどんなこともする。一グラムでも軽い素材があれば、軍需産業や宇宙開発の技術者の下に駆けつけなければならない。サーキットは、Ｆ１に参加しているチームの国の総力が競い合っている戦場なんです」
実際、ホンダF1チームは昭和六十年（一九八五）から昭和六十三年（一九八八）にかけて毎年百億円以上のエンジン開発費を計上していた。昭和六十二年（一九八七）からホンダF1は二チームにエンジン供給を開始するが、昭和六十一年（一九八六）はウイリアムズ一チーム、二台のマシンが走る十六戦のレースに百億円以上を投入していたのだ。桜井は当時を振り返ってこうも言う。

「レースを巧くやって勝つとか負けるとか、そんなことは全く考えていなかった。ただ、ひたすらに高性能なエンジンを作り、そのエンジンで全てを引っ張っていたようなものだった。勝ち負けは運もあるし、ある意味では結果だ。われわれの目標は勝つことというよりは、圧倒的に強いエンジンを作り、その結果として勝てばよかった」

ホンダは当時、走行中のエンジンのデータをマシンから無線で飛ばしてピット受信し、問題点をすぐ検討できるテレメータリング・システムをサーキットに導入した。このデータは飛躍的な燃費改善をもたらすと同時に、ドライバーのドライビング・テクニックもコンピュータが解析することを可能にした。ブレーキングのタイミング、スロットルの開け具合（アクセルの踏み込み状態）も解析できたのだ。

しかも、彼らは、まだインターネットなどなかった時代に、サーキットのデータを衛星回線ＶＡＮで、Ｆ１開発チームの心臓部である埼玉県和光市の本田技術研究所にリアルタイムで送っていたのだ。つまり、レース時のエンジンデータを日本の開発拠点に衛星生中継していたのである。このシステムが稼動することによって、レース中のエンジントラブルへの対処が飛躍的に早くなった。何しろ二週間ごとにグランプリはやって来る。と同時に、ホンダは英国ラングレーにＦ１チームの拠点を作った。ヨーロッパ全土と世界五大陸を巡るグランプリの前線基地が必要だったからである。

昭和六十一年（一九八六）九月二十一日、ポルトガルグランプリが開催された。夏ごろから見慣れない日本人記者が来ていることに桜井も気づいていた。「日本でも話題になっていますよ」と仲のいい特派員から聞かされても、とても本気には思えなかったが、このレースにウイリアムズ・ホンダが勝てば、ウイリアムズはコンストラクターズ・チャンピオンになり、ホンダＦ１チームもエンジン供給チームとしてチャンピオンの栄誉に輝ける日だった。Ｆ１の歴史にホンダをチャンピオン・エンジンとして永遠に名を刻めるのだ。

レースは予選二番手だったマンセルがポールポジションからスタートしたセナを一コーナー手前でかわし、序盤からリードした。セナ、ピケ、プロストとマンセルを追っていたが、セナはピケとの激しいバトルでガス欠となり、スローダウンを余儀なくされる。ホンダRA166Eの性能にとてもルノー・ターボは及ばなかったのである。

チェッカーフラッグを真っ先に受けたのはマンセルだった。二位プロスト、三位ピケとなり、ウイリアムズ・ホンダは表彰台に二人を送り込んだ。もっとも、コンストラクターズ・チャンピオンの行方は、すでに四十二周目で決着していた。ケケ・ロズベルグがポルシェ・エンジンを壊してマクラーレンをリタイアさせていたからだ。この後のレースで、マンセル、ピケが全て無得点で、プロスト、ロズベルグが全てを一位、二位で終えても、ウイリアムズ・ホンダの得点にマクラーレン・ポルシェは追いつけないからだ。

「世界の終り」と「サヨク」の誕生

翌九月二十二日、NHKの『ニュースセンター9時』は、キャスターの木村太郎がトップニュースでウイリアムズ・ホンダのコンストラクターズ・チャンピオン獲得を伝えた。

驚いたことに、日本では二十二日の朝刊各紙でもほとんど報じられないニュースだった。木村太郎が満面に笑みを浮かべてこの偉業を報じたが、視聴者の大部分はほとんど意味が分からなかったはずである。

恐らくＮＨＫでも侃侃諤諤《かんかんがくがく》となり、かなりの議論があったのではないだろうか？　少なくとも木村太郎は欧州体験でＦ１の価値を知っていた。しかし、ホンダＦ１の文明論的な意味は、その後九〇年代になって初めて敏感な日本人に意識されるようになるまで、日本の知識人にとって全く与《あず》り知らないものだったのである。

ＮＨＫの『ニュースセンター９時』はＮＨＫが日本の公共放送として十分な役割を果たしていた時期である昭和四十九年（一九七四）に誕生したキャスター報道番組の草分け的存在だった。特に昭和五十七年（一九八二）からは木村太郎と当時慶大生だった宮崎緑のコンビで日本の黄金時代を象徴する報道番組として人気を集め、番組が終了する昭和六十三年（一九八八）三月まで二人のコンビは長期間継続した。

一方、民放では昭和六十年（一九八五）にテレビ朝日で『ニュースステーション』が始まった。八〇年代中期は、民放各局も大型報道番組を競う合うようになったのだが、その走りが芸能アナウンサーをキャスターに起用して目先を変えることに成功した『ニュースステーション』だった。しかし、これらの報道番組は、木村太郎の仕事を除けば、日本人からテレビ報道のあり方を批判する視点を確実に奪っていった。矮小化《わいしょうか》され、偏向された政治が視聴率のためだけに情報化され、今日の堕落したサヨク報道の原型になったのである。

昭和六十年（一九八五）に村上春樹が初の書き下ろし長編『世界の終りとハードボイルド・ワンダーランド』（新潮社）で谷崎潤一郎賞を受賞した。また、作詞家の松本隆が同年十一月に注目すべき小説、『微熱少年』（新潮社）を発表した。ホンダF1がコンストラクターズ・チャンピオンに輝いた昭和六十一年（一九八六）には、文芸評論家の磯田光一が、評論集『左翼がサヨクになるとき』（集英社）を上梓している。〈世界の終り〉は〈左翼がサヨクになるとき〉だったのであろうか？　そして、空前のファミコンブームが『スーパーマリオブラザーズ完全攻略本』（徳間書店）をベストセラー一位に押し上げたのも昭和六十年（一九八五）だった。同年のプラザ合意から、日本の文化状況も大きな変化を見せ始めていた。

3 激変した文化状況のパラダイム

幻影の中に存在し得た〈パクス・日本〉

プラザ合意が成立し、円の強さと日本の経済的覇権が西側先進国の総意として抑制される。それは、少々乱暴な言い方をすれば、二十一世紀の現在に於いて、グローバルマネーの洪水の中でわが国が翻弄され、のたうち回っている姿を三十九年前に先取りしたものだった。しかし、シナの驚異的な経済成長と相関して、当時に比べて現在の日本の国力の衰退は著しく、国際金融資本に対抗する日本の力はプラザ合意後の八〇年代にはまだまだ強かったのである。

古代ローマ帝国のパクス・ロマーナもそうだったが、二十世紀のパクス・アメリカーナが最高の輝きを見せた瞬間に衰退が始まったように、未完だった〈パクス・日本〉も昭和六十年（一九八五）を挟む三、四年の昭和五十八（一九八三）～昭和六十三年（一九八八）頃に最高の輝きを放ち、文化的にも退廃の毒を生み始めながら、平和の中で文化的爛《らん》熟《じゅく》とデカダンの極に達していたのである。

しかし、幸か不幸か、八〇年代の〈パクス・日本〉は、日本の平定による平和でなく、むしろ独自の軍事力を除去された日本が、米国の軍事力の中で〈平定〉を行おうとした本質的な矛盾を抱えていたのである。つまり、見せかけのパクスであったことが、逆に日本の甦生《そせい》する余地をまだまだ残しているとも言えるのである。

八〇年代に一時的に存在しようとした〈パクス・日本〉は、見せかけの日本の平定であったことが、逆に日本に余力を残したかも知れないからだ。

ただ、今世紀になって顕著になったのは、紛れもなくパクス・アメリカーナの崩壊である。それは、二〇〇一年の「九・一一」が起こらなかったとしても確実に訪れるものだった。なぜなら、パクス・アメリカーナはソ連という東側陣営内の〈パクス・ソ連〉という存在があって初めて存在し得たものだったからだ。

ソ連が冷戦終結で一九八九年に崩壊への道を突き進めば、論理的に九〇年代からのパクス・アメリカーナはカウンター勢力の不在による自壊を促すことになる。

パトリック・ブキャナンが『病むアメリカ、滅びゆく西洋』（宮崎哲弥訳　成甲書房平成十四年〔二〇〇二〕で指摘するまでもなく〈システムとしてのアメリカ〉は大きな危機を内包していた。しかし、八〇年代に日本が自らの懐《ふところ》深く抱えてきた危機を分析することはおろか、自覚することもできなかったのだから、今日のわが国の混迷と衰退は二重に用意されていたと言ってもいいだろう。

すなわち、〈パクス・日本〉が米国の軍事力という保育器の中で醸成されたものであるにもかかわらず、釈迦尊の掌《たなごころ》の上の孫悟空のように自らの力を客観視できず、円の世界基軸通貨化を考えたり、円高誘導で世界中の資産を買い漁ったりしたこと。さらに、米国からの独立を志向するそんなわが国の動きを、昭和六十年（一九八五）に日本自らが閉じてしまったこと。この二重の陥穽《かんせい》に、八〇年代の日本は絶頂期を迎えながら陥って行ったのである。

具体的には、中曽根首相が昭和六十年（一九八五）の靖國神社公式参拝をこの年一回だけにしてしまったことが大きな禍根《かこん》であり、このプラザ合意の年に日本軍の南京虐殺を政治宣伝する南京屠殺記念館が出来上がったことが極めて象徴的な出来事だった。そんな中国共産党の振る舞いにもかかわらず、日本は巨額のＯＤＡでシナを支援し続けていたのである。

さらに象徴的な出来事を挙げれば、昭和六十年（一九八五）にスパイ防止法の制定が社会党、共産党を中心とする勢力と、それに加担する朝日新聞を始めとする反日メディアのキャンペーンによって頓挫してしまったことだ。

北朝鮮の拉致という侵略行為は、この時点でスパイ防止法が制定されていれば、八〇年代以降、かなりの確率で防ぐことが可能だった。また、七〇年代末期に拉致された横田めぐみさんを始めとする政府認定拉致被害者や特定失踪者という政府非認定の拉致被害者の多くを、この時点で救出することも可能だったはずである。

問題は、これらの事実を指摘できる現在に至っても、日本は病魔に冒された庇護者、米国に頼らなければ、自分の足で歩くことも不可能な様相を見せていることだ。それは皮肉なことに、というより無惨そのものと言っていい。平成二十一年（二〇〇九）に誕生した華夷秩序と冊封《さくほう》体制を受け入れようとする民主党政権になっても、ほとんど変わらない状態だったのだ。つまり、それが八〇年代の黄金時代に中曽根内閣が「戦後政治の総決算」というスローガンを掲げて克服しようとした、強固な〈戦後レジーム〉そのものだった。

米国とシナの間を、無自覚に無意識のまま、まるで夢遊病者のようにさ迷った民主党政権の哀れな姿は、八〇年代の見せかけの〈パクス・日本〉の残像に過ぎない。

阪神タイガース日本一と吉本隆明が評価した『微熱少年』

プラザ合意の約一週間後のイギリス、ブランズハッチで行なわれたＦ１グランプリで、ホンダエンジンを搭載するウイリアムズ・ホンダが圧倒的な強さで優勝したことは前に述べた。ヨーロッパで一九八五年の秋からホンダのＦ１ターボエンジンの驚異的な性能が話題の中心となっていた頃、日本では阪神タイガースの二十一年ぶりのリーグ優勝と初の日本一が大きな社会現象になっていた。

二十一年ぶりだから大騒ぎされ、にわか阪神ファンが日本中に出現したことも話題になった。それは単に阪神ファンが増えたということでなく、日本の大衆文化のパラダイムが大きな変化を見せ始めたことを象徴していた。

後の東大総長になる蓮實《はすみ》重彦《しげひこ》が草野進《しん》というペンネームでスポーツ誌『ナンバー』に連載していたコラム「プロ野球批評宣言」で日本シリーズの阪神・長崎啓二の満塁ホームランを、「あれは阪神タイガースの長崎の満塁ホームランでなく大洋ホエールズの長崎の満塁ホームランだった」と書いたのもこの時期だった。

しかし、阪神タイガースの日本一が大衆に熱狂的に迎えられた本質は、蓮見の難解なレトリックでは書き記すのが不可能だった。〈エクリチュール〉（書かれたもの）は事実、事物に届かないのだ。長崎の満塁ホームランは阪神・長崎のホームランであり、大洋・長崎のホームランではなかった。当たり前のことだ。

阪神タイガースの日本一が社会現象になったのは、簡単に言えば、全国のアンチ巨人が阪神を応援したということであり、「巨人、大鵬、玉子焼き」と言われた高度成長期の日本大衆の御三家が、その座から退いたことを意味していた。

ちょうどその頃、作詞家・松本隆の『微熱少年』が昭和六十年（一九八五）十一月に発売された。

「十六歳のぼく」が海辺でナンパする友達とキャンプの夜を過ごす。バンド仲間との日々の日常を高校一年生の「ぼく」が綴る一種の青春小説だ。当時、吉本隆明が『微熱少年』を評価したことを今でも憶えているのは、吉本の批評家としての確かさに驚いたのではなく、文化状況のパラダイムシフトに敏感に反応した吉本のフレキシビリティー、つまり、反応の良さに驚いたからだ。

《わたしたちがこの作品を、心の変貌の物語として読むとき、この作品の主人公である「ぼく」は、孤独なのに、それを大げさに叫びたてもしないで、平静に外温と同じ温度でかかえこんで、ほんとならどんなデカダンスにもなれるし、えげつなくもなれる世界に居ながら、強いて無垢を際立たせようともせず、だが「正しい位置に」ひとりでに坐っている「心の貌」ともいうべきものを、いだいていると感じる。たぶんこの作品の核心にあるのは、主人公の「ぼく」の心のこんなさりげない色合いを描ききった作者の達成にあるともおもえる。

作者はいまひとつの青春物語を書き尽くし、じぶんの生涯を鎮魂する課題を、果たし了えたとおもえる。》(『波』昭和六十年十一月号)

吉本隆明のこの小説の細部への批評は的確だった。しかし、重要なことを忘れている。『微熱少年』は村上春樹の作品群の登場なくしては絶対に書かれ得ないものだった。村上が『風の歌を聴け』に始まる一連の著作で、アメリカンポップスやバンド名などをエクリチュールのコンテクストにしていなければ、その後に続くこのような作品は生まれなかったのである。

私が松本隆の『微熱少年』を一冊の佳品《かひん》として評価するのは、村上が始めたポップカルチャーの文学作品アイテム化を、平然と、ごく自然に行う作家が登場したという点に於いてである。

また同時に、ポップカルチャーの担い手として、作詞家として阿久悠に次ぐヒット曲を量産し続ける松本隆の存在が今日の文化状況の中で、八〇年代からの活動を正当に評価する必要があると思えるからだ。

靖國と松田聖子

松本隆と村上春樹の存在は極めてパラレルであり、同時に二人を論じる枠組みがすでに出来上がっているのに、誰もそのことに気づかないのはおかしいのではないか、という疑念を長く私は抱えてきた。二人は同年齢であり、村上春樹は早稲田、松本隆は慶應の出身である。二人ともそれぞれ神戸、東京のシティボーイであり、学生時代から音楽に深く関わっていた。村上春樹は本書で詳述したように、学生時代からジャズ喫茶を経営していたが、松本隆はロックバンドを結成していた。松本隆の所属したバンド、「はっぴいえんど」は七〇年代にマイナーな存在であったにもかかわらず、七〇年代後期から八〇年代にかけて大きく音楽シーンをリードすることになる。

なぜなら、「はっぴいえんど」は、後のＹＭＯのメンバーである、細野晴臣に加え、大瀧詠一、鈴木茂、そして、松本隆という日本のポップスを牽引したメンバーによって構成されていたからだ。

そんな松本隆が昭和六十一年（一九八六）に作詞した「瑠璃《るり》色の地球」は松田聖子の結婚後最初のＬＰに収録された。シングルカットされていないのに、三十年以上歌い継がれているのは、合唱曲の定番になったからだろう。

じつは、この「瑠璃色の地球」が思わぬ局面で使われ、想像もできないほどより深い意味が与えられ、日本の歴史に連なる名曲に変化していた。それは、動画サイト、ＹｏｕＴｕｂｅに上げられた「ＹＡＳＵＫＵＮＩ」というアマチュアが制作したビデオクリップだ。これはわずか、四分二十九秒の映像だが、シナ人監督、李《リ》纓《イン》が平成十九年（二〇〇七）に撮り、平成二十年（二〇〇八）に取材された人たちから抗議が続出して問題になった一二〇分以上のノンフィクション映画『靖国　ＹＡＳＵＫＵＮＩ』を、遥かに情報量も作品のクオリティも凌駕している、靖國神社の本質に迫るドキュメンタリーになっているのだ。この映像に松本隆の「瑠璃色の地球」が使われていることが極めて象徴的なのである。

夜明けの来ない夜はないさ

あなたがポツリ言う
灯台の立つ岬で
暗い海を見ていた

二コーラス目に入る時に、ベースがチョッパーでシンコペーションを強調するが、その瞬間に、シーンが靖國の「みたままつり」から太平洋上での特攻機の鬼気迫る攻撃場面に切り替わる。この場面が秀逸なのは、時間と歴史の連続性を見事に意表をついた表現で描いていたからだ。

「朝陽が水平線から光の矢を放ち」の後を受け、「争って傷つけあったり人は弱いものね」という部分で特攻機が米軍の空母に体当たりをする。そして、ブレークの後、「ガラスの海の向こうには広がりゆく銀河」となる時に、特攻機の映像から現代の渋谷の雑踏が映し出される。

このように、八〇年代の変化した文化状況のパラダイムシフトは、二十年後からはインターネットというツールとともに、多くの人が気づかないまでも文化状況の枠組みに見えない地殻変動を与え続けたのである。

第五章

左翼からサヨクへ

1

「戦後史の空間」と二十一世紀のマトリックス

空間論への新しい視座

前章で紹介した松本隆の歌詞の場合は、偶然がもたらした稀《まれ》な一例かもしれない。それは、昭和六十一年（一九八六）に作詞された「瑠璃《るり》色の地球」が三十年以上の歳月を経て、インターネットの動画サイトで作詞家や歌手の意図と全く異なった使われ方をして、違う文脈で幸運にも新しい生命を吹き込まれていたという一例である。

ただ、それを単なる偶然として片付けるより、八〇年代にポップカルチャーの新しい担い手として才能を開花させた作詞家のコンテンツが、何らかの理由によって、異なった位相でもコンテンツとして力を発揮できたと考えるほうが、そんなシステムまで含めた新しい〈文化〉へ新たな視座を持てるのではないだろうか？

したがって、言葉を補足すれば、『微熱少年』は文学作品として記憶にとどめられる小説ではなく、文化史の一つのエピソードとして記憶されるべき〈佳品《かひん》〉なのである。

それはまた、ＹｏｕＴｕｂｅでＴＡＭＡＧＡＷＡＢＯＡＴという匿名のアマチュア動画クリエイターが、三十年前の松本隆と松田聖子の作品を用いて二十一世紀の日本における靖國神社の意義を表現することで、空間と時間がアナログ的な連続性からデジタル的なパラレルワールドに投げ出される現代性を象徴する出来事になるのである。

デジタル的なパラレルワールドとは、つまり、多次元に異なった世界が同時に存在するということで、空間論に対して量子物理学や宇宙物理学、そして天文学から科学的に問いかけられる二十一世紀の極めて今日的な問題にも繋がってくる。

そこで、『微熱少年』が書かれた昭和六十年（一九八五）に第二十一回谷崎潤一郎賞を受賞した『世界の終りとハードボイルド・ワンダーランド』の意味も別の角度からの位置づけが可能になるのではないだろうか。

しばしば指摘される村上春樹の小説が持つ〈無国籍性〉と〈抽象性〉が一層深化し、定着したのが『世界の終りとハードボイルド・ワンダーランド』であることは間違いないだろう。また、この長編で村上は「僕」と「鼠」の寓話《ぐうわ》の世界から初めて脱却し、新たな寓話を紡《つむ》ぎ出さざるを得ない困難に直面していた。

八〇年代に書かれた『不思議の国のアリス』

二つの物語、〈世界の終り〉と〈ハードボイルド・ワンダーランド〉が各章ごとに展開、構成されるこの一種の迷宮譚《たん》は、八〇年代に書かれた二十一世紀の『不思議の国のアリス』である。と同時に、「不思議の国」つまり「ワンダーランド」から現実世界にリアルに戻ることができないという不安に苛《さいな》まれ、実際、「世界の終り」と「ハードボイルド」な「ワンダーランド」から日常的な生を過ごす世界に何事もなく戻ることができない「僕」と「私」の絶望的な状況が、『アリス・イン・ワンダーランド』（不思議の国のアリス）のアリスの場合と決定的に異なる今日の人間社会の状況を照射しているのである。

しかも、重要なのは、社会状況だけでなく、鬱病患者が増大し続ける二十一世紀に暮らす私たちの精神状況を表し、今日を予言したものだったことだ。

「世界の終り」では、「外の世界」から追われ、「世界の終り」という奇妙な名前の謎の「街」に闖入《ちんにゅう》した「僕」が、外界から隔絶した、「心」を持たないが故に平穏な日々を送る「街」の住民の中で、平穏な日々を暮らすことになる。その一方、「外の世界」で身に付けた「影」を剝がされると同時に記憶までをも失うことになり、「僕」は安らかさを予感しながら底知れない不安にも苦悩することになる。

また、「ハードボイルド・ワンダーランド」は、近未来を思わせる東京が舞台となり、そこで暗号を取り扱う「計算士」として活躍する「私」が、自らに仕掛けられた不気味な「装置」の謎を探し求める一種のSF的な物語として展開する。

「計算士」は半官半民の組織「システム」に属していて、それに敵対する「記号士」組織「ファクトリー」と暗号の作成と解読の技術を競い合う。つまり、「システム」と「ファクトリー」は対立する組織であり、「私」の敵は暴力的な手段も厭《いと》わず機密情報（データ）を不当に盗み出して利益を上げる非合法的な「ファクトリー」だ。

暗号処理の中でも最高度の「シャフリング」技術を駆使できる「私」は「計算士」の中でも際立った存在であるが、その「シャフリング」システムを用いる仕事の依頼を老博士から受けたことによって状況は一変し、「私」は摩訶不思議な地底の迷宮を彷徨《さまよ》うことになる。最後に意識の死を予告された「私」は、静かな日常の生活を淡々と送ることができ、日比谷公園の芝生でビールを飲み、『カラマーゾフの兄弟』のアリョーシャに想いを馳せながら晴海埠頭で静かな死を迎えようとする。

この長編小説も一見、パラレルワールドを思わせる構成になっている。「ハードボイルド・ワンダーランド」と「世界の終り」が交互に各章ごとに展開され、読者は謎解きのような面白さで長大な寓話に惹き込まれていくのだ。

最終章は、「世界の終り」のエンディングとなり、「僕」が「影」を「外の世界」に逃がし、心を残したままその「完全な」「世界の終り」という街で永遠の生を生きる決意を固める。「僕」は壁に囲まれた「完全な」世界が、自分自身の作り出したものだということに気づき、《「でも僕は自分がやったことの責任を果たさなくちゃならないんだ。ここは僕自身の世界なんだ。壁は僕自身を囲む壁で、川は僕自身の中を流れる川で、煙は僕自身を焼く煙なんだ」》という諦念《ていねん》に達するのである。

『ブレードランナー』と村上春樹

『世界の終りとハードボイルド・ワンダーランド』の成功の秘密は、着想と寓意性の面白さと、その虚構を支えるあっさりした、それでいて粘り強い文体にあるのだが、村上は同年（一九八五年）に欧米で公開された映画『未来世紀ブラジル』をどこかで観た可能性はなかったのだろうか？　そんなことまで想像させてしまうのは、村上の才能がテリー・ギリアム監督の鋭角的な才能に通じる同時性を感じさせるからだ。それぞれの時代をそれぞれ切り開き、彩る能力は、人間の創造活動に於いて古来より世界同時多発的なものなのである。

村上が『世界の終りとハードボイルド・ワンダーランド』執筆中に『未来世紀ブラジル』を見た可能性は限りなくゼロに近い。しかし、一九八五年に米国、欧州で公開され、日本では昭和六十一年（一九八六）に公開された、カルト的人気を誇る近未来SF映画の衝撃とパワーに通じるモチーフと、この作品を書かせた内的必然が村上に在ったことは確かである。

それと同時に指摘したいのは、一九八二年全米公開の『ブレードランナー』を、間違いなく村上は観ていると思われることだ。

フィリップ・K・ディックのSF小説『アンドロイドは電気羊の夢を見るか？』を原作とする『ブレードランナー』は、一九八二年の公開時に米国でも興行的に奮《ふる》わなかったものの、日本でも昭和五十八年（一九八三）の公開と同時に熱狂的なファンが生まれた。その後三十年以上にわたって一種のムーブメントが生まれ、世界的に映画、CM、音楽、コマーシャルアート、デザインの世界に大きな影響を与えたのである。

この映画の場面設定はこんな具合だ。二〇一九年の近未来、地球環境の悪化により人類の大半は宇宙に移住し、地球に残ったのは下層階級の人々のみ。彼らは人口過密の高層ビル群が立ち並ぶ暗くて陰気な雨がいつも降る都市部で凄惨な生活を強いられていた。一方、宇宙開拓の前線では遺伝子工学により開発されたレプリカントと呼ばれる人造人間が、奴隷として過酷な作業に従事している。

雨雲にいつも低く覆われた摩天楼の街並みは和洋折衷の意匠に溢れ、摩天楼の一角に寂れたラーメン屋もある。漢字、日本語、英語を含めあらゆる文化が混在する、下層階級が取り残された地球の荒廃した街並み。そんな状況設定で、ハリソン・フォードが人間に反旗を翻《ひるがえ》し、反乱を起こす人造人間、レプリカントを処刑するために結成された専任捜査官、ブレードランナーに扮するのである。

とにかく『ブレードランナー』が一九八二年に提示した近未来世界の荒廃ぶりは凄まじく、二十一世紀の現代で世界各地で頻発する残虐、非人間的な犯罪やテロを予言させるものだった。この映画が描いた人間社会の退廃と荒廃が際限なく進行するイメージは、八〇年代から九〇年代にかけて台頭したサイバーパンクムーブメントと共鳴したとも言われている。また、小説、映画はもちろんのことアニメ、マンガ、ゲームなど八〇年代後半からのサブカルチャーにも大きな影響を与えていたのだ。

そんな『ブレードランナー』も、村上にとってカフカの小説やゲーテの『ファウスト』と同じ位相で受け入れられていたはずだ。

「戦後史の空間」から始まった八〇年代

それにしても、『世界の終りとハードボイルド・ワンダーランド』で村上が登場人物に「計算士」「記号士」、架空の団体に「システム」という名前を与え、「装置」の謎を探し求めるという設定は、十年後の平成七年（一九九五）に「ウインドウズ95」の誕生によって始まるパソコン普及と、今日のデジタル化社会を見事に予言していたのである。

ここで、この小説が書かれた昭和六十年（一九八五）の様々な出来事を改めて列記してみる。

○自民党内最大派閥田中派から中堅、若手議員を中心にして竹下登氏が「創政会」を旗揚げ（2・7）

○田中元首相、突然脳梗塞で倒れる（2・27）

○ソ連　ゴルバチョフ政治局員兼書記を選出（3・11）

○上越・東北新幹線、上野乗り入れ開始（3・14）

○「科学万博―つくば'85」（国際科学技術博覧会）が茨城県筑波研究学園都市で開催
三月十七日から九月十六日までの一八四日間の期間、二〇三三万人の入場者を記録

○公社の民営化で日本電信電話（NTT）、日本たばこ産業が発足（4・1）

○政府が包括的な対外政策を決定。首相はテレビで外国製品の一人百ドル購入を呼びかける（4・9）

○五十九年度の貿易、輸出超過額が三五〇億七五〇〇万ドルに達した。うち九六％が対米（4・12通関速報）

○対外経済政策推進本部は市場開放のための行動計画（アクション・プログラム）の骨格を決定（7・30）

○羽田発大阪行き日本航空ジャンボ機が、群馬県の山中に墜落。世界最大の航空機事故。五二〇人の乗員・乗客が死亡、乗客四人が奇蹟的に生存（8・12）

○三光汽船が倒産。負債総額五二〇〇億円、戦後最大の倒産となる（8・13）

●中曽根首相、靖國神社を戦後初の公式参拝（8・15）

○ロス疑惑の三浦和義逮捕（9・11）

○「プラザ合意」。主要五カ国蔵相・中央銀行総裁会議、ニューヨークで開催。ドル高修正を合意（9・22）

○経済対策閣僚会議が当面の事業規模約三兆一〇〇〇億円の内需拡大策を決定（10・15）

○阪神タイガース、初の日本一に。全国で虎フィーバーが吹き荒れる（11・2）

○四年九カ月ぶりに一ドル＝二〇〇円を突破する円高に（11・25）

○首都圏と関西で、国鉄通信ケーブルを狙った〝国鉄同時多発ゲリラ〟発生（11・29）

○豊田商事事件、日本相互リース事件など、悪徳マネー犯罪相次ぐ

○有毒ワイン騒ぎ深刻化、自販機農薬ドリンク事件で被害者続出

○いじめ問題が深刻化

こうやって振り返ると面白いことに気づく人もいるはずだ。ロス疑惑の三浦和義元容疑者は平成二十年（二〇〇八）に再びクローズアップされ、グアムで米国当局に逮捕、LAに再収監されて謎の客死を遂げた。日本のバブル経済を生んだプラザ合意に対応するのが、二〇〇八年の九月冒頭から世界中を震撼させた米国のサブプライムローンの破綻による、金融バブル崩壊だった。

そして、列記した中で特に黒丸で表記した中曽根首相の終戦記念日の靖國公式参拝は極めて重要な出来事だった。なぜなら、首相の靖國「公式」参拝がこの年の一回限りで終わったことが、日本がその後四十年にわたってシナ、韓国、北朝鮮という〈特定アジア〉近隣諸国へ、独立国家としての主張が徐々にできなくなったばかりでなく、わが国の文化、歴史、そして、敢えて言えば文明の危機に陥る過程の出発点になっているからだ。

そこで注目したいのは、文芸評論家の磯田光一が、ちょうどこの時期に文芸誌『すばる』に「左翼がサヨクになるとき」を連載中であり、その磯田が昭和五十六年（一九八一）から昭和五十七年（一九八二）にかけて『新潮』に「戦後史の空間」を連載していたことである。

空間論としての精神史の可能性

文芸評論家桶谷秀昭の名著『昭和精神史』（文藝春秋　平成四年〔一九九二〕）、『昭和精神史戦後篇』（文藝春秋　平成十二年〔二〇〇〇〕）は、構想のヒントを磯田光一の『戦後史の空間』（新潮選書）から得たのではないだろうか？　またその流れは、富岡幸一郎の『新大東亜戦争肯定論』（飛鳥新社　平成十九年〔二〇〇六〕）にも受け継がれていたはずである。文学作品というテキストを時代精神の表れと見れば、作品を時代の中で論じることで時代精神を語ることが可能となり、作品論を超えた世界が精神史を構築する有効な手法になることは自明である。そういう意味で、あらゆる文学史は精神史になり得て、あらゆる美術史も音楽史も、スレッドとしての精神史の形成する一つのツリーになるのだ。

この精緻な作業に磯田は昭和五十六年（一九八一）から着手して『戦後史の空間』を上梓させた後、多くの文壇関係者の批判をよそに「左翼がサヨクになるとき」にも取り組むことができたのである。

磯田はそもそも六〇年代の熱い政治の季節に、三島由紀夫論で注目を浴びた批評家である。そこで磯田はあくまでも三島文学を文学として批評し、三島由紀夫の存在自体も非政治的な視点から描くことで、逆に強烈な三島像を描き得た批評家だった。英国ロマン主義文学を専門としていた磯田は、他の知識人のように政治的発言から距離を置いていたのである。非政治的であることで、客観的な三島文学の評価の確立を目指していた彼が、三島由紀夫を昭和四十五年（一九七〇）の自決で失った後、他の作家たちに興味を持ち続けられなかったのも事実であろう。

しかし、磯田は三島由紀夫存命中でも吉本隆明論を相対的に書き得る批評家であった。つまり、彼が一連の転向論や林房雄論で提示したように、精神の形、フォルムを論じることで、政治的な次元とは異なった地平で精神のあり方を克明に批評することが可能になったのである。そんな磯田の批評の根本的なモチベーションはいわゆる〈戦後民主主義〉と呼ばれる一種左翼的な常識、良識への拭《ぬぐ》いがたい懐疑と反発だった。

そこで磯田は〈戦後民主主義〉への批判をただの左翼思想批判という範疇《はんちゅう》から逃れた地点から構築することで、〈戦後民主主義〉を相対化し、非政治的に政治を批評するという一種の離れ業に取り組んで格闘していたのである。しかし皮肉なことに、三島由紀夫が昭和四十五年（一九七〇）に自決し、その十年後に始まる八〇年代がまるでイデオロギー対決など過去の遺物とするトレンドに彩られていく中で、かえって磯田の非政治的なアプローチが有効性を一瞬失ってしまったかのように思われたのだ。

ゴルバチョフの登場で東西冷戦が終結に向かい始める昭和六十年（一九八五）に、磯田が「左翼がサヨクになるとき」の連載を開始したのは、極めて示唆的である。

さて、磯田の軌跡を追う作業を後述することにして、『世界の終りとハードボイルド・ワンダーランド』について少し書き加えたいことがある。以前言及したように、空前のファミコンブームが『スーパーマリオブラザーズ完全攻略本』をベストセラー一位に押し上げたのも昭和六十年（一九八五）だった。

昭和63年（1988）2月10日「ドラゴンクエストⅢ」発売日には、100万本が一日で完売。徹夜組や学校をさぼった若者たちが量販店の前に列を作った。　写真／時事

そしてコンピュータゲームの代名詞にもなっている「ドラクエ」こと『ドラゴンクエスト』が発売されたのが昭和六十一年（一九八六）だった。以降、第四作まで「ドラクエ」はファミコン向けとして発売された。その後はスーパーファミコン、プレイステーション、プレイステーション2、任天堂DSと、その時代で最もポピュラーなゲーム機向けに作品が発売され、本編作品は令和三年（二〇二一）までに世界中で何と八三〇〇万本以上の売り上げを記録しているのである。

じつは、『世界の終りとハードボイルド・ワンダーランド』の世界が提示する、「世界の終り」なる「街」という迷宮に彷徨い込んだ「僕」の行動は、『ドラゴンクエスト』の主人公としてゲームに向かう者と非常に似ているような気がする。

もしかすると、村上春樹の感性は昭和六十年（一九八五）の時点で、その後間もなく登場するロールプレーイングゲームというゲームの世界を無意識のうちに取り込んでいたのかも知れない。「ドラクエ」に代表されるゲームソフトのコンテンツも、村上作品の特徴と言われる無国籍性という共通点があり、まさに、今日のリアルな世界を喪失したマトリックスという仮想現実にリアリティを侵食される現代人の病まで透視していたのである。

2 「戦後史の空間」が提起したもの

〈戦後〉としての八〇年代

先にも触れたが、〈戦後〉という言葉は世界的には戦後数年を指す言葉であり、長くても十年である。それが世界の通例なのだが、わが国ではそれこそ〈戦後〉半世紀以上たっても「戦後七十九年」と言われ続けている。「もはや戦後ではない」という言葉が昭和三十一年（一九五六）に流行語になったのは、同年七月十七日に経済企画庁が経済白書『日本経済の成長と近代化』を発表したからだ。

その結びに「いまや経済の回復による浮揚力はほぼ使い尽くされた。……もはや戦後ではない」と記述されていたのである。つまり、そういう意味では当時の日本人は〈戦後〉十年で〈戦後〉を終わらせる事ができたのだ。

それならば、なぜ二十一世紀、令和の世を迎えた今日になっても、日本人は〈戦後〉という言葉に取り憑かれているのだろうか？　そこに現在私たちが直面するあらゆる矛盾や問題の萌芽があるはずだ。恐らく、それが経済に偏重した〈戦後日本〉のメソッドの限界を示してはいるものの、当時、経済白書を書いた官僚たちは紛れもなく「もはや戦後ではない」と確信していた。確信できる根拠があった。

それは、戦争を戦い、敗れたエリートたちの生き残りが、戦死した、あるいは戦禍で斃《たお》れた仲間たち、家族たち、同胞への追悼の祈りにも繋がる気持ちで、截然《せつぜん》と「戦後ではない」と言い切った言葉なのである。

米軍占領下の六年半を過ごし、昭和二十七年（一九五二）四月二十八日に主権回復を果たした日本が、その四年後に渾身の力を振り絞って発した呻《うめ》き声とも取れる〈戦後〉への決別の言葉だった。

しかし、彼らも含めたその後の世代が、結局、米国の占領政策を乗り越えることができず、影の統治機構に脅えながら、完全なる独立を半ば放棄して経済繁栄にひた走ってきたことが本当に〈戦後〉を終わらせることができない理由なのである。

そして、「もはや戦後ではない」八〇年代になっても、日本は経済力で束の間の世界ナンバー１という夢見心地を味わいながら、その一瞬の繁栄がじつは米国の軍事力に依存しながら助け合うという日米同盟を背景にしたものであり、相互依存関係のひと時のもつれがたまたま日本を経済力で世界一位に押し上げたものであるという現実を日本人は忘れていたということなのだ。世界一になれば、その地位から引きずり下ろされる力学が自然に働くし、ましてや相互依存関係の中で家来が主人の上に立てば、日本製の自動車、家電などがショーのように叩き壊され、その映像がニュースで世界に報道され、日本バッシングが起きるのは当然のことだった。

八〇年代をどうしてもポストモダンの時代にしたい人は、八〇年代を〈脱戦後〉の時代であると定義づけて同時代の歴史解釈を正当化しようとした。しかし、その命題は明らかな誤謬《ごびゅう》である。これまで本書で縷々《るる》語ってきたように、八〇年代は決して〈脱戦後〉の時代でも、脱モダンの時代でもなく、むしろ、構造的に完璧なまでに完成された〈戦後〉にどっぷり浸かった時代であり、日本人が戦後レジーム（体制）そのものを最も享楽的に、オプティミスティックに、そして疑いもなく生きた時代だったのである。

文芸評論家磯田光一の葛藤

もしかすると、昭和元禄《しょうわげんろく》と呼ばれた時代に、昭和元禄なのに近松も西鶴もいない、と三島由紀夫が嘆いた（『文化防衛論』〔新潮社〕）時代を経て、八〇年代の昭和五十五年（一九八〇）から昭和六十四〔平成元〕年（一九八九）までの十年間が、つまり、八〇年代そのものが、最も昭和元禄と呼ばれるのにふさわしい時代だったのかも知れない。三島由紀夫が嘆いてから、何と十年を経て昭和の御世《みよ》は元禄文化を謳歌《おうか》し始め、平成を迎える八〇年代末に二十世紀の元禄文化は爛熟《らんじゅく》と退廃の頂点を極めていったのである。

そういう意味でも、磯田光一が昭和五十六年（一九八一）から昭和五十七年（一九八二）にかけて『新潮』に「戦後史の空間」を連載し、昭和元禄が隆盛を極め、かつ、東西冷戦が終結に向かい始める昭和六十年（一九八五）に、『すばる』に「左翼がサヨクになるとき」の連載を開始したのは極めて暗示的である。

三島由紀夫が自決したことによって「昭和が終わった」と直感した人は少なくなかった。前述の桶谷秀昭もその一人であり、磯田光一も何らかの符号を感知していたはずだ。しかし、「昭和が終わった」という直感を鋭い感性と知性で感知し得ても、現実の昭和は終わってておらず、その不思議な違和感と齟齬《そご》を一人の批評家が埋める必要に迫られたのではないか。

磯田光一は『戦後史の空間』で、まずポツダム宣言を受諾した日本が無条件降伏をしたという嘘を暴き、占領下に於いてさえ、日本の敗戦が有条件降伏であることを理論化した法学者、高野雄一の存在を紹介する。

これは江藤淳が占領期の研究に着手し始めた頃から提起した大問題であり、磯田はその問いに答えているのだが、いまだに日本は無条件降伏をしたという記述が当たり前になっていて、教科書にもそう書かれていることを私たちは大いに問題にするべきなのだ。

ここで磯田はトリッキーな理論を披露する。太宰治の昭和二十一年（一九四六）に発表した戯曲の一部が占領軍の検閲で削除された事実から、日本は戦時中と戦後に二つの占領体制の下にあったという仮説を立てる。長くなるが引用しよう。

《負けた、負けたと言うけれども、あたしは、そうじゃないと思うわ。ほろんだのよ。滅亡しちゃったのよ。［日本の国の隅から隅まで占領されて、あたしたちは、ひとり残らず捕虜なのに、］それをまあ、恥ずかしいとも思わずに、田舎の人たちったら、馬鹿だはねえ、……

文中の［］で示した部分が削除された記述であるが、「占領」を「捕虜」の状態としてとらえたこの削除部分は、太宰の意図をこえたものを暗示していたと思われる。というのは、のちに「俘虜収容所の事実を籍《か》りて、占領下の社会を風刺する」意図で大岡昇平氏の『俘虜記《ふりょき》』が書かれ、さらに女性の立場から、敗戦による占領を「捕虜」の状態と見なす河野多恵子氏の『自戒』（『文藝』昭和四十九年七月）が書かれるにいたるからである。

しかし、「占領」＝「捕虜」という太宰治のとらえ方が、昭和二十一年のものであったとしても、右の文章の歴史的時間を十年遡行《そこう》して読んでみる自由も、一つの作業仮説としては許されるはずである。太宰が戦前左翼運動への参加と警察への自首という経歴をもっている以上、それらの人々にとって「逮捕」とは「捕虜」の体験にほかならず、左翼運動の解体とは一つの「敗戦」であり、したがって昭和十年代とは、やがて日本の陸海軍によって「日本の国の隅から隅まで占領され」ていき、「ひとり残らず捕虜」になってしまった時代と考えることもできるからである。

こうした仮説をあえて提出するのは、戦中・戦後を二つの「軍事占領」の時代としてとらえたほうが、問題の所在がはっきりしてくるからである。すなわち、われわれが「戦後」と呼ぶ時代――少なくとも文民統制の原理が失われた東条内閣成立後――を同民族による苛酷な軍事占領の時代としてとらえ、「戦後」の占領下を異民族による保障占領の時代としてとらえるならば、一九四〇年代とは二つの軍事占領が交替して継続した時代と考えることもできるであろう。》（傍点原著者）

八〇年代をあらかじめ用意した占領期

さらに磯田はこの後で、永井荷風の日記が戦中、戦後を問わず一貫した視点で貫かれていることに言及し、荷風日記の八月十五日の記述とミズーリ艦上で降伏文書に調印した後の九月十六日の日記を比較し、こう述べている。長文になるが引用する。

《終戦を「恰《あたか》も好《よ》し」と思って（※西村注：永井荷風が）「祝宴を張」ったのは、軍国政権による日本占領から解放されたことへの喜びの表現である。しかしそれにつづく米軍占領下の現実に直面したとき、荷風は明らかに何ものかの喪失を感じとっている。「敵国に阿諛《あゆ》を呈する」というとき、「敵国」の対立概念が日本のナショナル・アイデンティティであることはいうまでもない。以上二つの感じ方は、明らかに矛盾している。この矛盾に正当な輪郭をあたえることは困難かもしれないが、ただ一つだけ言いうることがある。それは戦争が継続しているかぎり、荷風はなおも軍部への呪詛《じゅそ》を日記に書きつづけたであろうということである。とすれば戦後の荷風日記に散見する「喪失」史観そのものが、八月十五日の日記に見られる「解放」史観を前提としてしか得られなかったはずなのである。二つの「占領」における「解放」と「喪失」との両義性を、最も正確にえがいた文学作品として、ここでわれわれは大岡昇平氏の『俘虜記』を、「俘虜収容所の事実を籍りて、占領下の社会を風刺」した作品として改めて読みなおさなければならない。》

少なくともここで磯田光一は、日本の敗戦を軍国主義からの「解放」とだけ捉える一面的な見方が大きな誤りであることを、作家の息遣いが伝わる文学作品を通して検証し、一種の〈戦後〉的なイデオロギーを論理的に否定した。それが恐らく、磯田が三島死後十年を経て得られた確信であり、それだからこそ誰もが決して疑わなかった来るべき八〇年代の〈黄金時代〉の入り口において、『戦後史の空間』を書かざるを得なかった理由となったのである。

磯田は荷風の戦後の日記に、戦中に軍部に向けられた「呪詛」が占領軍にも向けられていたことはここに明記していない。匂わせているだけである。じつは、それが磯田光一という批評家の限界でもあったのだが、少なくとも彼は「ナショナル・アイデンティティ」という言葉を使うことで一つの留保を残したかったのは確かだ。つまり、ナショナルなもの、あるいはナショナリズムに繫がる言葉を注意深く肯定的に扱うことで、『戦後史の空間』をどのような時間と空間が連続して形成して来たかの手掛かりにすることに躊躇《ちゅうちょ》しなかった。

考えれば当たり前のことなのだが、戦中・戦後を二つの「軍事占領」として捉えることで日本人の精神の連続性を保障しようとした磯田にとって、これがギリギリの判断だったのかも知れない。二つの軍事占領論は、当時、左翼の新しい理論的意匠としても登場したもので、磯田も参考文献として『世界』昭和五十六年八月号に掲載された藤村道生の「二つの占領と昭和史」を挙げている。

八〇年代と「サヨク」の誕生

さらに『戦後史の空間』で磯田は、「家の変容」「転向の帰趨《きすう》」と話題をひろげ、「性とそのタブー」「六〇年安保」「史観と歴史小説」「住居感覚のディレンマ」「〝留学〟の終焉」

「帰属願望の屈折」「もう一つの〝日本〟」と筆を進める。現代文学史を語りながら磯田は〈戦後〉日本の思想、政治、文化、社会のあらゆる事象を精神史として描く試みに挑んでいたのである。その困難な作業のモチベーションとなったのは、本書で私が何度も触れた、明るい未来に彩られ、パステル色の空が一気に開けたと多くの日本人に予感させた八〇年代初頭の日本の通俗的な空気に、磯田が覚えた強烈な違和感、ないし反撥であったことは間違いない。

そうでなければ、磯田の『戦後史の空間』を誤読して「八〇年代は脱戦後の時代だ」などというスローガンが当時掲げられたこともなかったのではないか。磯田は『戦後史の空間』で特定のイデオロギーに影響を受けないように極めて慎重に筆を運びながら、左翼の憲法学者の文献までを引用して、何とかやっとの思いでここまで描き得たのではないだろうか。

したがって、荷風の軍部への呪詛に触れながら、終戦記念日に荷風が《「祝宴を張」ったのは、軍国政権による日本占領から解放されたことへの喜びの表現である》としか書けなかったのだ。敢えて磯田を批判すれば、ここで荷風の「祝宴」が軍部からの解放の喜びと同時に、戦《いくさ》が終わることへの自然な感情の発露もあることに触れることができなかったことである。

しかし、それでも磯田はリアルポリティクスの面でも、鋭い批評意識を働かせた。それは「六〇年安保」に出てくる次の一文だ。

《岸信介氏が胸中にかくしていた最終の国家目標が、安保廃棄後における国家形態であったことはいうまでもあるまい。そこにいたるステップとして「改定」をえらび、安保条約を破棄しなかったのは、一九六〇年の時点における安全保障の現状に即して、必要悪としての安保条約の存続をえらんだにすぎない。ナショナリズムのヴェクトルに関する限り、竹内好の求めていたものと、岸信介氏が胸中にかくしていたものとはほぼ一致していたのである。》（傍点西村）

ここまでの洞察力を持っていた磯田なら、脱戦後という概念を実行することの難しさを理解していたはずだ。そもそも、八〇年代の脱戦後というまやかしのスローガン自体が、戦後に深く絡め取られているのである。実際、政治の世界で「戦後レジームからの脱却」というスローガンを掲げた岸信介の孫にあたる〈戦後〉生まれ初の総理になった安倍晋三が、まさに〈戦後〉レジームからの大反撃を受け、志半ばに病で辞任せざるを得なかった平成十九年（二〇〇七）も、八〇年代から二十年後の出来事だったのである。

日本が八〇年代の栄華を極めていた昭和六〇年（一九八五）、イラン、イラク戦争のさなか、テヘラン在住の日本人数百人が帰国できなくなったことがあった。イラクのフセイン大統領がイラン領空内の全ての航空機を撃墜すると発表したからだ。普通の国なら軍用機で自国民を救出するはずだが、〈戦後〉日本にはその能力がない。テヘランに残された日本人たちはタイムリミット寸前にトルコ政府の特別機で救出された。二十世紀初頭、ロシアの南下政策に苦しんでいたトルコが日露戦争、それからエルトゥールル号遭難事件[※1]への返礼として日本人を救出したのである。ところがその事実をほとんどのメディアは報じることができなかった。左翼イデオロギーと〈戦後〉の占領体制に引きずられた日本メディアの惨状に磯田は呆れ返ったに違いない。

そこで、必然的に磯田は日本の左翼の虚妄に言及せざるを得なくなったのだ。その結果、書かれたのが「ある時代の精神史」というサブタイトルが付けられた『左翼がサヨクになるとき』であるのは言うまでもない。トルコからの日本人救出劇が磯田にどう影響を与えたのかは私の勝手な推測だが、昭和六〇年（一九八五）当時、左翼が滅びた後に生まれる「サヨク」を論じる長編評論が『すばる』に連載されていたのは偶然だったのだろうか。

3 「サヨク」の誕生と贋ポストモダン

なぜカタカナだったのか

磯田光一が「左翼がサヨクになるとき」の連載を『すばる』で開始したのは昭和六十年（一九八五）六月号だった。すでに二年前の昭和五十八年（一九八三）に東京外国語大学在学中の島田雅彦が『海燕』に「優しいサヨクのための嬉遊曲」を発表し、その年の芥川賞候補になっていた。デビュー作の芥川賞候補は当時すでに珍しいことになっていて、そういう意味でも島田雅彦は特異な才能の新人作家として注目される存在になった。

磯田光一が批評家として優れていたのは、島田のデビュー作のタイトルに八〇年代から大東亜戦争前の時代に及ぶパースペクティブな、長いレンジでの思想史的な意味を与えたことである。それには彼が昭和五十五年（一九八〇）から着手した『戦後史の空間』という一種の〈空間論〉があったから可能だったのだ。

もともと磯田は文学史的なアプローチを批評の有効な方法論としていたので、文学作品を仮に建造物に喩《たと》えた場合、建築学でいうところの〈空間論〉がそのまま文学作品の置かれた時代状況を透視する手段として援用されるという可能性が自然と視野に入っていたのだろう。

つまり、ケンブリッジの碩学《せきがく》で優れた建築史・美術史家であったニコラウス・ペヴスナーが『ヨーロッパ建築序説』(一九四三年)で述べたように、建物の周囲を取り巻く無限に広がる建造物の「外部空間」が、建築にとって「内部空間」に劣らず重要であること。それと同じように、磯田作品それ自体の意味を〈空間論〉として時代の中に置いて批評することに新しい意味づけをしていたのである。それは、一つの文学作品から無限に広がる〈空間〉は、作品内部(あるいはそれ自体)のテキスト解釈を超えた次元で時代をどこまでも超えて行くという新しい読み方を可能にした。

しかし磯田は、島田がアジェンダ設定を行った「サヨク」という言葉から、なぜ〈左翼〉が片仮名で〈サヨク〉と表記されなければならなかったかという背景を切実な問題として受け止めなければならなかった。なぜなら、磯田には、作者の島田自身より〈サヨク〉誕生の経緯を深く掘り下げる必要があったからである。

この小説に登場する「赤い市民活動」や「社会主義道化団」は、従来の〈左翼〉のパロディという以上にある寓話性を付与されたものだった。それは、もはや〈左翼〉という言葉にこびりついた古色蒼然とした〈観念〉では、島田が描こうとした虚構を構築する要素にも、小説のディテールを支える〈言葉〉にも成り得ないことを作者が自覚していたからなのだ。急遽《きゅうきょ》、島田が新たな観念を作り出し、寓話性を与えることでリアリティを獲得しようとしたからに他ならない。

磯田はそのギャップを、大西巨人《おおにしきょじん》というまさに戦後民主主義を〈左翼〉として身をもって体現しようとしていた日本共産党の党員歴のある作家が昭和五十九年（一九八四）に発表した『天路の奈落』（講談社）という小説と島田のデビュー作を比較して〈空間論〉として「左翼がサヨクになるとき」の筆を進めて行ったのである。

〈サヨク〉誕生の瞬間

磯田は中野重治を枕にして「政治」と「道徳」、いや、「革命」と「道徳」の関連性に言及する。

《しかし、一九八〇年代のわれわれは、そういうことを指摘するのに、格別の精神的な努力を必要としない。「政治」と「道徳」は別物だという二元論は、いまとなっては、時代のシニシズムの表現になりかねないのである。（中略）それでは「鉄の規律」（西村注・左翼の）や「戦陣訓」をささえた前提を崩壊させれば、そこには政治を自主的に生きる「個人」が生まれてくるのであろうか。そういいきれないところに、歴史の皮肉がある。》

そう述べてから磯田は核心を衝く。

《私がこういうことを書くのは、一九八三〜八四年にあらわれた文学作品を通読しながら、大西巨人『天路の奈落』と島田雅彦『優しいサヨクのための嬉遊曲』との断層の大きさを痛感せざるを得なかったからである。前者を、中野重治の系譜につながる漢字の「左翼」の最後のかがやきと見、後者を結果としてそのパロディにあたるもの——すなわち片仮名の「サヨク」というかたちでしか左翼をえがき得なかった作品——とみるとき、その両作のあいだに横たわっている断層は、ほとんどうずめる余地のない文化の断層を思わせる。漢字の左翼が、戦後派の作品を通ってやがて高橋和巳に継承され、その余光が桐山襲《かさね》『パルチザン伝説』のうちに生きのびているとき、片仮名のサヨクは結果としてそれらを愚弄することにおいてしか、自己に出会うことができない。前者から見れば、後者は度しがた

い軽薄な兆候とみえ、後者からみれば、前者はこっけいなアナクロニズム以外のものではあり得ないのである。》

ここで磯田は、〈サヨク〉誕生の瞬間を簡潔に説明し、この解釈におおかた異存はないものの、何か妙な、喉にものが引っ掛かったような異物感が残る。この魚の骨はいったい何なのか、と考えると磯田のほとんど全ての論考に共通する癖が見えるのである。じつは、それが磯田光一という現在ではほとんど忘れられてしまった批評家の稀有な才能の二面性を表している。

磯田は政治と文学の関係について、文学の政治からの自律というテーマを巡って、終生にわたり追究した批評家だった。そして、その手法は、思想やイデオロギーを絶えず相対化するという信念で貫かれていたので、政治的立場やイデオロギーの異なる作家たちを的確に批評することに成功した。したがって、磯田の出世作となる『比較転向論序説』（勁草書房）や有名な三島由紀夫論である『殉教の美学』（冬樹社）は、そういう方法論からすれば当然お手のものだったわけで、彼の批評行為の間口の広さやフレキシビリティを保証していたのである。

また、だからこそ、〈文学〉が衰弱し始めた八〇年代に、現在にも通用し得る文化史としての〈空間論〉を大きな業績として遺すことも可能だった。しかし磯田は、精神性のあり方が政治とどう関わるかということに於いてのみ論及し過ぎたのではないだろうか。その結果、島田雅彦の左翼のパロディ化を、戦前の小林多喜二から、中野重治を経て高橋和巳にまで連なる文学の〈左翼的理念〉を「愚弄することにおいてしか、自己に出会うことができない」ものとして早急に断定してしまったのだ。

私には、むしろ島田雅彦や村上春樹は、〈文学〉が死に絶えようとする大きなパラダイムの転換の中で、ただ単に〈左翼的理念〉をパロディ化し愚弄したのではなく、思想の相対化という〈手続き〉を経ないと彼らは決してリアリティに出会えなかったからなのではないかと思えるのだ。作家たちが言葉を紡ぎ続けるためには、どうしても言葉に現実との関わりを実感できるリアリティが保証されていなければならず、そのために、パロディという形式をとりながら、そのパロディ自体が一つのメタファーとして機能していたのである。島田が「新たな観念を作り出し、寓話性を与えることでリアリティを獲得しようとした」と前述したのは、そういう意味がある。

その「寓話性を与える」という手続きも、七〇年代末期に登場した村上龍、村上春樹の場合と、八〇年代になって登場した彼らより若い世代である島田雅彦の場合は内実が異なっていて、政治主義、政治理念の相対化を一度通過した後にもう一度、島田は文学の〈左翼的理念〉を密かに明らかにしたかったのではないか。そのために、「パロディ化」と「愚弄」が村上春樹や村上龍より島田雅彦の方が、よりいっそう尖鋭になっていると感じられるのである。

恐らく磯田はこの違いを細分化するには、政治に拘泥し過ぎていた。すなわち、政治を重要視し、政治を意識することで、かえって島田の〈政治性〉と〈左翼的理念〉に気づかず見落としていたのではないだろうか。そこに、小説という芸術の一つの表現形式が瓦解していく八〇年代の文学状況を読み解く鍵がある。

道徳と政治性

磯田は大正期の私小説の「公」を伴わない「私」が、マルクス主義のうちに「公」という意識が左翼文学によって獲得されたというパラドックスに言及し、こう続ける。

《昭和の国家主義が「国家」を「公」の中心に置いたのにくらべて、マルクス主義は「国家」を否定した、と人はいうかも知れない。しかし現存する国家を否定しようと、〃あるべき国家〟を社会主義社会というかたちで構想していた以上、それは広義の国家主義と呼んでもいっこうにさしつかえないのである。このときマルクス主義とは、そのまま昭和の新しい「国学」であり、その道徳の質は「礼儀小言」そのものではないか。》（傍点西村）

さらに磯田は、《しかしここで注目すべきことは、マルクス主義の世界像のもっている〝勧善懲悪〟的な構造である。来たるべき共産主義社会が〝善〟であり、その実現をめざすのが実践である以上、過渡期としての資本主義社会は〝悪〟として位置づけられる。そしてブルジョア社会に帰属している「私」の領域は、「公」的な理想につながるかぎりにおいて〝善〟であり得る。このときマルクス主義文学とは、社会を対象としては〝勧善懲悪〟の文学であり、個人を対象としてはエゴイズムをすてて公的な目的をめざすという、二重の構造を持たざるを得ない》と、旧世代の〈左翼的理念〉を批判しつつ、大西巨人の『天路の奈落』へと筆を進める。

《私が大西氏と世界観を大きく異にするにもかかわらず『天路の奈落』に動かされたのは、主人公の鮫島主税の感性をささえていた文化が、鷗外の『礼儀小言』をささえていた文化と同質のものだからである。それはあえていうならば、世俗化した党にけっしてあきたらず、いまは失われた「道徳」――あの中野重治のいう「道徳」――をかかげて生きることが、おのずから何ものかのかがやきであり得た文化である。私が『天路の奈落』を、漢字の「左翼」の最後のかがやきと呼びたくなるのは、次第に遠ざかってゆくひとつの文化の後ろ姿をそこにみるからである。》

ここで磯田がやや中西巨人という左翼作家に拘り過ぎたとは言え、〈左翼的理念〉を文学化した最後の小説として『天路の奈落』を位置づけていることが極めて興味深い。あらゆる小説が解体し、溶解していく八〇年代の文化状況の中で、「公」という概念がますます稀薄になっていく本当の昭和元禄の世相の中で、小説というジャンルがほとんど成立できなくなる背景を探り当てているからだ。

しかし、磯田はここでもう一つの重要な事実を見逃していたのかも知れない。それは、大西巨人が「次第に遠ざかってゆくひとつの文化の後ろ姿を」象徴する作家であることと同時に、片仮名左翼、〈サヨク〉を引っさげて彗星のように登場した島田雅彦も、「次第に遠ざかってゆくひとつの文化の後ろ姿」の群像の中の一人であったという可能性である。つまり、『天路の奈落』で展開されたストイシズムとしての〈左翼的理念〉は、『優しいサヨクのための嬉遊曲』に見られる寓話としての左翼と、ほとんど同じ位相にあったという仮説を磯田は見逃していたのである。

磯田言うところの《いまは失われた「道徳」》とは、じつはこの時代から遡る二十年前の六〇年代後半の新左翼勃興という時代潮流の中ですでに失われていたのではなかったのか。それゆえ、〈七〇年安保〉を前にした日本の反乱の空気が西側先進諸国で同時進行していた反体制運動と連関しつつも、新左翼の政治理念が先進諸国の反乱の中で最も政治のリアリティを欠いた〈運動〉にしかならなかった理由なのではないだろうか。

モダニストのポストモダン　磯崎新と島田雅彦

村上春樹と島田雅彦は八〇年代の偶像であったことは間違いない。特に島田は磯田が『左翼がサヨクになるとき』を上梓した直後から〈ニューアカデミズム〉と当時称揚された〈ポストモダン文化〉の担い手たちとさかんに交流を行っていた。二年後の昭和六十三年（一九八八）には浅田彰との対談『天使が通る』（新潮社）を上梓したが、ここではほぼ全編のテーマが三島由紀夫の解釈に費やされていたのである。

そこで重要なのは、なぜ、ポストモダンの旗手と言われた彼らが三島由紀夫にこれほど拘ったのかということだ。やはり〈ポストモダンの旗手〉であった建築家の磯崎新が昭和六十年（一九八五）の『いま、見えない都市』（大和書房）で語っているポストモダンの概念はこうだ。

《ポスト・モダンはある意味でこの時代をどういうふうに解釈し、取り組むか、そういう時代認識にかかわる言葉であるというふうにみておいたらいいんじゃないだろうか。》

《美術界においても同じようなことが起こっています。美術界でいわれているポスト・モダニズムの特徴というのは、言い換えれば一つは私が先ほど言ったヒストリシズム、つまり歴史的なものの再認識というものです。それから、アール・デコを見直そうという動きも出てきています。》

驚くことに、ここで語られた言葉は、ポストモダンの定義づけをモードとして語っているだけである。おまけに磯崎はこうも書く。

《ポスト・モダンを語るとき注意しなければならないことは、ヒストリシズムにしろハイテックにしろ、さまざまな様式の混合が出されてくるわけですが、（中略）さらにそれが近代合理主義的に整理整頓され、こういう風にすれば「ポスト・モダン風モダニズム」が生まれますという、非常に日本的な処理がなされるかもしれないという危惧を感じています。》

磯崎新はここで密かに自己告白をしていたのかも知れない。ここで磯崎新をモダニストの建築家と呼ぶのは明らかな間違いなのであろうか？　磯崎自身が「様々なる意匠」を援用しながらモダニストとして来るべきポストモダンを見越したビジョンとコンセプトで、ポストモダン建築を創り続けていたと言ったら、それは磯崎への批判や中傷になるのであろうか。彼をコンセプトとしてのポストモダンの造形を志向したモダニスト、と断じたとしても、それは決して中傷ではなく、ポストモダンを迎えた二十一世紀の現在から振り返った的確な評価になるのではないだろうか。

それは、島田雅彦という作家が小説を書こうとした時点で、ポストモダン流の小説を書こうとしてもモダニストであることの証明になることとほとんど同義である。島田は平成三年（一九九一）に、湾岸戦争に反対して中上健次らとともに戦争反対のアピールを行った。この時すでに磯田は他界していて、島田が決して〈左翼的理念〉を「愚弄することにおいてしか、自己に出会うことができない」作家ではなかったという事実を、残念ながら目撃することはできなかったのである。

さらにその三十一年後の令和四年（二〇二二）、島田は安倍晋三元総理暗殺後の仲間内の動画配信番組で「暗殺されて良かった」と、日本へイターの元共同通信の青木理《おさむ》に口走ってしまう醜態を見せることになる。鋭敏で優れた批評家だった磯田光一にしても、三十年後に島田がここまでサヨクでいられるほど劣化するとは想像もしていていなかったはずである。

注1　オスマン帝国（トルコ）の軍艦エルトゥールル号が暴風雨により和歌山県で遭難した事件。明治二十年（一八八七）、皇族がトルコのイスタンブールを訪れ、それに応えるためにエルトゥールル号が日本に派遣された。同船は十一カ月を要して日本に到着、明治天皇や皇族、大臣に会い、歓迎されたが、その帰途、台風接近により、和歌山県大島村（現・串本町）の樫野崎沖で遭難、沈没した。この事故の通報を受けた大島村民は救助活動と看護をし、乗組員約六百人中、六十九人が命を救われ、犠牲者の遺体も手厚く埋葬した。このとき明治天皇も援助を指示、当時の新聞もこの事件を大々的に取り扱い、義捐金《ぎえんきん》も集められた。トルコでも新聞で大きく扱われ、日本の行動が報じられた。トルコは親日家の多い国として知られているが、きっかけはエルトゥールル号遭難事件だと考えられている。串本町では現在に至るまで五年に一度、追悼式典が行われており、トルコのメルシン市とヤカケント町と姉妹都市縁組を結んでいる。

第六章
八〇年代後半の日本に空いた大きな暗い穴

1

一九八七―一九八八「地上の夢」が走った

一人の作家が見た時代の夢

前章で触れた建築家の磯崎新について少々言葉足らずだったので補足する。磯崎がモダニストとしてポストモダン建築の表現に取り組んでいたという私の説明は、磯崎がポストモダンという概念を理解していなかったという意味ではない。むしろ、彼は八〇年代の〈ポストモダン・ブーム〉の渦中にいながら、その中で最もポストモダンの本質を把握していたのである。私は磯崎が《ポストモダンの定義づけをモードとして語っているだけである》と書いたが、《だけ》というのは引用した『いま、見えない都市』の文中に限ってのことである。

磯崎はポストモダンを政治や文化状況を含めた時代概念を表す言葉として用いており、モードもその表現形態の一つであり、建築史であれ美術史であれ、美学的なカテゴリー分類は人間の精神史に収斂《しゅうれん》して行かざるを得ないという原則を彼は知っていたということだ。しかし、ポストモダンを把握し得た彼が、八〇年代当時を《ポスト・モダニズムの今の状況といえるでしょう》（『ポスト・モダン原論』〈朝日出版社〉）と言い切った時代認識に疑問を呈したいのである。

さて、磯田光一の『左翼がサヨクになるとき』が出版された昭和六十一年（一九八六）、『週刊朝日』では海老沢泰久のノンフィクション・ノベル「F1地上の夢」の連載が開始された。五月九日号から十二月二十六日号まで三十四回にわたって連載されたものに、エピローグに相当する章が加筆され、『F1地上の夢』は重厚なハードカバーとなって昭和六十二年（一九八七）二月に朝日新聞社から上梓された。すると、本書はたちまちベストセラーとなり版を重ねることになる。

というのも、ちょうどこの年に日本人として初めてF1国際選手権にフル参戦する中嶋悟というドライバーが誕生し、三月からフジテレビがF1グランプリの全戦中継を実施することになり、急速にF1やモータースポーツへの関心が日本で高まったという背景があった。

大衆作家として海老沢はすでに昭和五十四年（一九七九）の『監督』〈新潮社〉――広

岡達朗監督をモデルにした小説――でストーリーテラーとして非凡な才能を発揮していたが、『Ｆ１地上の夢』の大成功は海老沢の作家としての地位を確立しただけではない。本書が八〇年代を読み解く重要な一冊であることで、文化史的にも、敢えて言えば文明論的にも、歴史に残る作品の書き手として海老沢を再評価しなければならない。

ノンフィクションとフィクションの境界が非常に曖昧になって行った七〇年代は、沢木耕太郎の存在が大きな意味を持っていた。いかなるノンフィクションもフィクションであるという仮説も成り立ち、また、逆にわが国の文学史に於いて私小説論を中心としたリアリズム論の読み直しや、七〇年代の文学の風化、八〇年代の村上春樹の存在と九〇年代以降の小説そのものの解体というテーマに及ぶまで、〈ノンフィクション〉ブームが文学の方向性を指し示す一つの示唆となっていた。

海老沢の出世作『監督』がヤクルトスワローズを日本シリーズ優勝に導く広岡達朗をモデルにした〈ノンフィクション・ノベル〉だったことは象徴的だが、沢木耕太郎がノンフィクション・ライターから作家になったのに対し、海老沢泰久は初めから作家だった。そういう意味では、海老沢の方が自由にノンフィクション風の小説を書くことが可能だった。昭和五十六年（一九八一）に、海老沢は後に映画化された小説『Ｆ２グランプリ』を新潮社から上梓している。それだけ、海老沢のモータースポーツへの関心は高かったのだが、そんなマニアックな趣味を一気に時代のトレンドとして昇華させたのが一九八六年に『週刊朝日』に連載した「F１地上の夢」であった。

リアルな同時代体験としての「黄金時代」

出版された翌年、昭和六十三年（一九八八）に新田次郎文学賞を受賞したこの〈ノンフィクション・ノベル〉は、本書でもたびたび触れてきた昭和六十一年（一九八六）のホンダF１チームの活動を追ったもので、同時進行ノンフィクションの形式をとりながら、六〇年代のホンダF１の歴史をオーバーラップさせ、二十年という時空を見事に連結して、さながら現代史的な大河小説ともいえる構成でホンダF１を取り巻く様々な人間ドラマを描き、夢を追い続ける日本人の姿を感動的に描いた名作である。

六〇年代と「八〇年代の現在」をオーバーラップさせながら本田技研という一企業を舞台にして、同時に戦後日本の復興と経済成長、さらに日本の〈国際化〉というテーマまで視野に収めて、モータースポーツ、F１の魅力を描き切った海老沢の構成力は見事と言うしかない。

そして重要なことは、海老沢が選択した素材が、〈現代史の大河小説〉を成立させる構成要素として必要十分条件であったことだ。それが本田宗一郎という稀有な人物であり、モータースポーツの最高峰であるＦ１だった。

そもそもホンダＦ１の活動は日本のモータリゼーションの欠陥を根源的に問い直すものだった。なぜなら、日本はハードウェアとしてのクルマを生産しても、ソフトウェアとしてのクルマには手付かずだったと言ってもいいからだ。ホンダＦ１の初優勝は米国人リッチー・ギンサーによって、イタリア・グランプリの優勝も英国人ジョン・サーティースによってそれぞれもたらされた。

世界征服をたくらむ日本と、フランスの大臣が断罪

六〇年代のホンダＦ１は、二輪メーカーだった本田技研がレースによって技術的蓄積を果たしていった。トヨタ、日産、マツダ、富士重工、いすゞ、日野など、他の自動車メーカーは壊れない市販車をいかに安価に生産するか、いかに海外に輸出するかに汲々《きゅうきゅう》となっ

ていた時代である。すでに六〇年代初頭に三重県鈴鹿市に広大な土地を獲得し、ユトレヒト工科大学の教授に日本初のサーキットの設計を依頼した本田宗一郎とは思考回路の次元が完全に異なっていたのだ。

にもかかわらず、六〇年代のホンダF１は、紛れもなく欧米のクルマ先進国と大きく隔たった技術的な格差を埋める作業に終始した。何しろ、六〇年代でもF１マシンのブレーキはディスクブレーキが当たり前だったのだが、当時の日本の自動車メーカーでディスクブレーキを製造した企業など皆無だったのである。そのような圧倒的な技術的な障壁に果敢に立ち向かった六〇年代のホンダF１は、いわば〈文明論的な挑戦〉を行っていた。

一方、二十年後の八〇年代のホンダF１は、すでに自動車生産台数が世界一位になっていた日本の、ヨーロッパへの〈文化論的な挑戦〉だった。この異なった〈文明論的な挑戦〉と〈文化論的な挑戦〉の二つを同時に描いたことに『F１地上の夢』の価値があるのである。

ただ、『F１地上の夢』は昭和六十一年（一九八六）十一月に本田技研が翌昭和六十二年（一九八七）から五年間鈴鹿サーキットで日本グランプリが開催されることを発表する記者会見の舞台で終わっている。じつは『F１地上の夢』で描ききれなかったその後に様々な問題がＦ１界で噴出したことこそが、八〇年代のホンダＦ１を象徴しているのだ。

八〇年代のＦ１グランプリを振り返ると、ホンダが昭和五十八年（一九八三）に復帰してからの全レースで、ほぼ二回に一回の割合でホンダエンジン搭載マシンが優勝している。これは神話でもなんでもなく歴然とした事実である。つまり、先にも書いたが、ホンダエンジンでなければグランプリに勝てないという事態になっていたのである。

一九九〇年に象徴的な出来事があった。サンマリノ・グランプリで、ウイリアムズ・ルノーを駆るリカルド・パトレーゼがゲルハルト・ベルガーのマクラーレン・ホンダを逆転して優勝した時、フランスの「レキップ」にこのようなヘッドラインが躍っていた。

《これで、日本のエンジンよりフランスのエンジンの方が優秀だと分かった》

八〇年代のホンダＦ１は、勝率が五割近いとか、四年連続コンストラクターズ・チャンピオンと三人のワールドチャンピオンを生んだとか、そんなモータースポーツの話ではとても収まりきれないところまで行っていたのだ。

平成二年（一九九〇）の正月に放送されたＮＨＫの特別番組で一人のイギリス人がこう呟《つぶや》いた。

「ヨーロッパは日本人の作るマイクロチップで暮らす、文化博物館になってしまう」

まさに〈黄金の八〇年代〉の最後の年に収録された偽らざる日本へ対しての恐怖心と嫉妬心である。この時期、フランスを中心とするヨーロッパの日本批判は凄まじいものがあった。フランス政府欧州問題担当大臣だったエディット・クレッセンは新聞のインタビューでこう述べていた。

《日本人はルールを守らず世界征服の絶対的意思を持っている敵であることは明確だ。これを理解しないのは愚かなことだ。》（『ラ・トリビュヌ・ド・レクスパンシォン』）

これは当時のミッテラン社会党政権の閣僚の発言なのである。一九八七年十月十三日の「ブラックマンデー」を《日本の陰謀》と決め付けたのは『ル・ポアン』紙であり、『レ・ゼコー』ではEC（現在のEU）の日本車輸入割り当て枠（当時三％）撤廃の動きに《お人よし》と警告を発し、『リベラシオン』は三菱地所のロックフェラーセンタービル買収のニュースを一面トップで報道し、《シンボルへの攻撃》という社説まで

マクラーレンは、元F1ドライバーのブルース・マクラーレンが1963年に設立した英国のチーム。80年代にはマルボロ・カラーの車体で活躍した。　撮影／西村

掲げてみせたのである。

その社説では《貪欲ニッポンの抗しがたい上昇》と日本を罵《のの》り、『ル・ポアン』には《ニッポン、恐怖を巻き起こす国》という十五ページ特集が、さらに経済専門誌『ヌーベル・エコノミスト』の《日本は殺し屋》というヘッドラインまで登場する事態となっていたのである。

文化的なアプローチを担ったホンダF1

このような人種差別的発言まで平気で飛び出していたのが八〇年代中期のヨーロッパだった。冷戦崩壊を控え、さらに一九九二年のＥＣ統合（後にＥＵとなる）という目標へ向かっていたヨーロッパの希望と苛立ちを凝縮するかたちで、一九八五年の「プラザ合意」で欧米によって謀られた日本経済弱体化への期待が、ひときわ高い罵声となって投げかけられていたのである。

当時の日本政府はこういった欧米からの圧力に徐々に抗しきれなくなり、平成元年（一九八九）から日米構造協議を始めとする経済的敗北を喫していくことになるが、当時のどの政治家や官僚より経済摩擦の本質を理解していたのは、ホンダＦ１チームの総監督だった桜井淑敏《よしとし》だった。

桜井が私にこう語ってくれたことがある。

「経済摩擦は、本質的に文化摩擦なんですよ」

この桜井の言葉は、実際にモータースポーツというヨーロッパの文化が凝縮された場所の、しかも最高峰の場で、壮大な〈遊び〉に全身全霊を込めて興じていた当事者だからこそ言い得た言葉なのだ。桜井は昭和六十年（一九八五）にホンダＦ１チームの監督に就任すると、画期的な方法でレースのマネージメントを行った。コンピュータを最初にピットに持ち込んだのはホンダＦ１チームだった。今ではグランプリで当たり前になったエンジンのテレメータリング・システムやコンピュータによるエンジンマネージメント・システムも最初にサーキットに導入したのは桜井だった。

しかも、桜井は当時ホンダＦ１チームと組んでいたウイリアムズ、ロータス、マクラーレンというチームのスタッフ中枢に情報の共有化という概念を持ち込み、彼らにも埼玉県和光市の本田技術研究所から衛星回線ＶＡＮで飛んでくるエンジンやレースの解析データを与えて日本人スタッフとの共同作業に取り組んでいた。そこで桜井は日本がヨーロッパに新しいテクノロジーや概念を発信し与えつつ、それを共同で使いこなすことで、本当の〈国際化〉を実践していたのである。〈文化摩擦〉を除去しようという彼の挑戦だった。

その結果、ホンダＦ１は当時の激しい日本バッシングの中で、かろうじて日本人の顔をヨーロッパに示すことで偏見と差別解消に貢献できたのである。Ｆ１を戦うことで〈機械としてのクルマ〉でなく、〈ソフトウェアとしてのクルマ〉の存在を見せつけることができたのだ。

2 時代が黙殺したポーランドからの手紙

ポーランドからの手紙はノートの切れ端だった

イタリア・グランプリで常勝のマクラーレン・ホンダが敗れ、地元フェラーリが優勝し、二カ月後の鈴鹿サーキットの日本グランプリが日本中の注目を集めようとしていた昭和六十三年（一九八八）九月、北海道のある一家に、突然、謎の人物からヨーロッパで投函された手紙が届いた。

「私（※西村註・石岡亨氏）と松木薫さんは元気です。途中で合流した有本恵子君ともども三人で助け合って平壌で暮らしております」「衣服面と教育、教養面での本が極端に少なく、三人とも困っています」

それは、ヨーロッパで行方不明になっていた石岡亨さんから兄の石岡章さんの下に届いた、一緒に見知らぬ日本人と北朝鮮にいるという内容の驚愕の手紙だった。

有本明弘・嘉代子夫妻は北海道の見知らぬ人物からもたらされた情報に驚き、歓喜した。娘の恵子さんは昭和五十八年（一九八三）十月にロンドンで忽然と消息を絶っていたのである。届いた手紙はノートの切れ端を小さく折りたたんだ折り目があり、投函されたのは消印からポーランドであることが分かった。何らかの理由で娘は北朝鮮にいる、という事実を知ることができただけでもこの五年間の心労が氷解した、と有本明弘さんが語ってくれたことがある。

「生きていたんだ。これで行方不明の恵子が戻ってくる。あの時、本当にそう思った。まさか、あれから二十年以上たっても何も解決できないなんて思いもしなかった」

その手紙は平壌で出会った第三者のポーランド人に投函を託した石岡亨さんからの決死のものだった。そのノートの切れ端は幾重にも折られ、投函したポーランド人が北朝鮮から持ち出すのに苦労したことが窺《うかが》える。内容は、石岡亨さん、松木薫さん、有本恵子さんの三人が平壌で暮らしているから安心して欲しいというもので、当然、石岡家は手紙に書かれていた有本家に連絡を取った。

しかし、時代はこの手紙の意味の重要さを理解できなかった。「幻の黄金時代」は、時代の底流で恐ろしい事態が進行し、二十年後に現実のものとなる日本を崩壊させる凶々《まがまが》しい出来事の連鎖の萌芽を見過ごしていたように、この手紙を黙殺した。素知らぬ顔をして通り過ぎていったのだ。

Ｆ１グランプリでマクラーレン・ホンダが十六戦中十五勝を挙げ、青函トンネルと瀬戸大橋が開通し、一月一日の地価公示で東京圏住宅地の前年上昇率が六八・六％の地価公示史上最高を記録し、日本の〈黄金時代〉が絶頂を極めていた昭和六十三年（一九八八）に、ポーランドから届けられたこの一通の手紙は、何の意味も持ち得なくなっていた。

「黄金時代」が見過ごしたもの

じつは、この年の三月二十六日に、有本恵子さんと松木薫さん、そして自身の消息を伝える石岡亨さんからの手紙に直結する極めて重要な国会質疑が行われていた。前年の大韓航空機爆破事件に関連する質問だったが、その符号を「黄金時代」は完全に見逃していた。それが、三十六年後の現在から振り返ると、「幻」が冠せられる「黄金時代」だった理由なのである。

昭和六十三年（一九八八）三月二十六日の参議院法務委員会で日本共産党の橋本敦参院

議員が、拉致〈疑惑〉として取り上げたとき、梶山静六国家公安委員長（当時）が「北朝鮮の疑いが濃厚」と答弁していたのだ。本来なら、この時点で政府やジャーナリズムは大きく動かなければならなかった。

橋本敦参議院議員は一年前の大韓航空機爆破事件に関連してこう質問した。

「警察としてはこの恩恵《ウネ》なる人物は日本女性で、日本から拉致された疑いが強いと見ているんじゃありませんか」

これに対し、政府委員として出席していた警察庁の城内康光警備局長は「そのように考えております」と答えていた。そこで、橋本議員はこう質問をした。

「それが事実だとはっきりいたしますと、これはまさに外国からの重大な人権侵犯事件であり、わが国の主権をも侵害する重大な事犯の可能性を含んでいる重大な事件である。ですから、これがはっきりしますと、当然本人の意思を確認して、主権侵害の疑いがあれば原状回復を要求するなど、政府としての断固たる措置をとる必要がある。外務大臣、今までの捜査の経過、答弁をお聞きになってどう御判断でしょうか」

さらに法務委員会の審議は続き、橋本議員は昭和五十三年（一九七八）七月（地村さん夫妻）と八月（蓮池さん夫妻）、わずか二カ月間に四件にわたって若い男女が突然姿を消したこと、さらに、レバノン人女性と韓国の映画監督夫妻の拉致に触れた後、こう続けた。

「外務大臣、自治大臣にお聞きいただきたいんですが、この三組の男女の人たちが行方不明になってから、家族の心痛というのはこれはもうはかりがたいものがあるんですね。実際に調べてみましたけれども、六人のうちの二人のお母さんを調べてみましたが、心痛の余り気がおかしくなるような状態に陥っておられましてね、それで、その子供の名前が出ると突然やっぱり嗚咽、それから精神的に不安定状況に陥るというのがいまだに続いている。それからある人は、夜中にことりと音がすると、帰ってきたんじゃないかということで、その戸口のところへ行かなければもう寝つかれないという思いがする。それからあるお父さんは、突然いなくなった息子の下宿代や学費を、いつかは帰ると思って払い続けてきたという話もありますね。

それから、ご存じのように新潟柏崎というのは長い日本海海岸ですが、万が一水にはまって死んで浮かんでいないだろうかという思いで親が長い海岸線を、列車で二時間もかかる距離ですが、ひたすら海岸を捜索して歩いた。あるいはまた、一市民が情報を知りたいというのは大変なことですけれども、あらゆる新聞、週刊誌を集めまして何遍も何遍も読んで、もう真っ黒になるほどそれを読み直している家族がある。こう見てみますと、本当

に心痛というのはもう大変なものですね。（中略）

こういうことで、この問題については、国民の生命あるいは安全を守らなきゃならぬ政府としては、あらゆる情報にも注意力を払い手だてを尽くして、全力を挙げてこの三組の若い男女の行方を、あるいは恩恵を含めて徹底的に調べて、捜査、調査を遂げなきゃならぬという責任があるんだというように私は思うんですね。そういう点について、捜査を預かっていらっしゃる国家公安委員長として、こういう家族の今の苦しみや思いをお聞きになりながらどんなふうにお考えでしょうか」

メディアも黙殺した梶山静六の重大答弁

ここで、国家公安委員長だった梶山静六はこう言い切った。

「昭和五十三年（一九七八）以来の一連のアベック行方不明事犯、恐らくは北朝鮮による拉致の疑いが十分濃厚でございます。解明が大変困難ではございますけれども、事態の重大性にかんがみ、今後とも真相究明のために全力を尽くしていかなければならないと考えておりますし、本人はもちろんでございますが、ご家族の皆さん方に深いご同情を申し上げる次第であります」

衝撃の国会答弁だった。全国各紙が一面のトップ記事で大きく報じ、NHKをはじめとする各テレビ、ラジオもニュース速報を流して特集を組まなければならない重大ニュースのはずだった。ところが、ほとんどのメディアはこの日の国会答弁を黙殺に近い形で葬り去っていたのだ。驚くことに、この構造は三十年後の今日に至っても全く変わらない状況なのである。

しかし、警察は動き出す。その後、同年五月六日に数カ月の尾行張り込みの結果、日本に潜入していたよど号犯の柴田泰弘が東京で逮捕され、五月二十五日には北朝鮮から帰国して横須賀でスナックを経営し、防衛大学生に工作活動を行っていた柴田泰弘の妻、八尾恵も神奈川県警外事課に逮捕された。

しかし周知のように、そのあとは捜査が進展するどころか、平成二年（一九九〇）五月には田口八重子さん拉致に関与した朝鮮総連の大物商工人、安商宅《アンサンテク》の家宅捜査の前日に突然捜査が打ち切られてしまうという不可思議なことが起きた。

おまけに平成元年（一九八九）には、韓国で逮捕され死刑判決を受けていた原敕晁《ただあき》さんの拉致実行犯、辛光洙《シンガンス》が社会党を中心とする超党派の国会議員の署名による「在日韓国人政治犯の釈放に関する要望」の対象者の中に含まれていて、釈放されてしまう。そもそも国家保安法違反で死刑囚になっていた辛光洙を釈放した当時の韓国政府も異常だが、恩赦要請の署名をした土井たか子、菅直人ら、北朝鮮族議員の動きや、この時点で辛光洙を逮捕できなかった日本の国家権力の脆弱《ぜいじゃく》さに驚くばかりだ。

安商宅の捜査が打ち切られたのは、間違いなく警察権力の上層部からの圧力である。警察権力の上層部を動かしたのは、政権与党内の闇の力であることは間違いない。

北朝鮮の工作を受け利権に漬かった政治家とメディア、時代遅れのサヨク志向から北朝鮮の立場に立つジャーナリズム、事なかれ主義の官僚たち。これらの人間たちが北朝鮮の手先として簡単に籠絡《ろうらく》され、反日活動に従事していった。

警察庁や公安、防衛庁は少なくとも七〇年代末から拉致が行われていたことを認識していたのは間違いない。傍受した暗号無線は絶えず解析されていたのである。にもかかわらず、スパイ防止法はおろか主権侵害の意識が希薄な日本の防衛力の脆弱さのため、何一つ〈敵〉に対峙しようとしなかったのが戦後日本の真実なのだ。その恥ずかしい真実が最も鮮明な構図として浮かび上がっていたのが、他ならない〈幻の黄金時代〉の八〇年代だったわけである。

先述のように、スパイ防止法は昭和六十年（一九八五）から昭和六十一年（一九八六）にかけて国会に上程される予定だったが、完全に潰されていたのである。

スパイ防止法制定運動が全国で繰り広げられ地方議会において同法制定を求める請願・意見書は昭和六十一年（一九八六）末には、全国の地方自治体の過半数を上回る二十八都道府県、一七〇六市町村の計一七三四議会で採択されるまでになっていた。

多くの良識派国民がスパイ天国返上をめざして同法制定を強く要求した証左であるが、政府自民党もこの動きを受けて、スパイ防止法案を作成し昭和六十年（一九八五）六月に国会に緊急上程した。ところが、まず日本共産党がスパイ防止法潰しに乗り出した。同党は自民党がスパイ防止法案を国会に上程する動きを見せると昭和六十年（一九八五）五月に党中央委員会常任幹部会に「国家機密法対策委員会」を設置、党を挙げて反対運動に取り組むことを決定した。この共産党の方針が出るや共産党系団体は一斉に動き出し、新聞労連は七月の第三十五回定期大会でスパイ防止法案粉砕を決議、以後、新聞などのマスコミはスパイ防止法潰しに狂奔した。中でも、お定まりのように朝日新聞は全社を挙げてスパイ防止法潰しに動き、昭和六十一年（一九八六）十一月二十五日朝刊で、紙面の半分を埋め尽くしてスパイ防止法案反対特集を組んでいたのである。

拉致被害者家族の記者会見はこうして阻まれた

さて、ポーランドからの重要な手紙が届いた三家族だが、その後どのような困難に直面したのだろうか？　最も積極的に動いたのは、直接手紙を受け取った北海道の石岡家だった。直接石岡亨さんから手紙が来たこともあったが、石岡家は政治意識が高く、社会党の熱心な支持者でもあった。亨さんからの手紙の内容は地元の社会党支部を通して日本社会党の中枢に知らされていたはずだが、全く反応が無かったのだ。考えてみれば、当たり前のことなのだが、政治意識が高いこととサヨク勢力支持が同義であった当時の事情を考えると、これ以上不幸なことはなかった。

有本家も積極的に動いた。地元選出の国会議員であり、日本社会党の代表になっていた土井たか子に有本明弘さんは事情を説明しようと努力をした。しかし、前述のスパイ防止法は、朝鮮労働党と友党関係にある社会党も全力を挙げて潰そうとしていたのだ。そもそも社会党は昭和四十年（一九六五）、日韓条約に反対して以来、韓国を国家と認めず韓国と接触した社会党員を処分するほどの親北朝鮮政党だった。

一九八七年十一月の大韓航空機爆破事件で犯人の金賢姫《キムヒョンヒ》が自白しても、社会党は真っ先に北朝鮮擁護を展開していた。

土井たか子委員長は「ソウル五輪のことを考えれば、朝鮮民主主義人民共和国にメリットがある行為とも考えにくく、韓国側の発表に十分納得することはできない」（平成元年〔一九八九〕一月二十一日記者会見）と発言、同年一月二十七日の社会党朝鮮問題特別委員会では「朝鮮労働党はマルクス主義政党だからテロはしないはずだ」（嶋崎謙・傍点西村）、「自白だけで信じる態度はおかしい」（安井吉典）などという極めて滑稽な発言があり、明白な北朝鮮によるテロである大韓航空機爆破事件でさえ、北朝鮮の犯行であることを認めない決定を下していた。これらの発言は冗談でもフィクションでもなく、事実なのである。にもかかわらず、メディアやこの種の反日勢力は、これまで何一つ〈戦後責任〉を取っていない。

このような状況だったにもかかわらず、社会党の土井委員長に有本明弘さんは石岡亨さんの北朝鮮からの手紙を見せて相談しようと、社会党に手紙を渡していた。社会党から一向に返事も来ず、彼らは次に外務省に向かったのだが、ここでも「外国での行方不明者はたくさんいる」と冷たいあしらいを受ける。このように家族の救出方法を模索する苦難の道を歩んだ有本家は、遂に平成三年（一九九一）一月十六日に、実名で記者会見を行うことを決意した。

ところが、記者会見直前に、有本明弘・嘉代子夫妻、石岡章さんらの元に、ＮＨＫの崎本利樹（東京）、田村啓（神戸）両記者に連れられた東京新宿の書店、ウニタ書舗（当時）の遠藤忠夫社長が現れた。ウニタ書舗は極左系書店として知られ、赤軍派や新サヨクグループとパイプがあった。その遠藤社長が記者会見で氏名や住所を公にしないでくれと有本さんらに依頼したのだ。言われるままにした彼らは、実名も住所も明かさない記者会見に臨み、結果的に何の信憑性もない会見を開いた道化師になってしまった。その経緯について有本明弘さんは、十年後の平成十三年（二〇〇一）五月三十一日に、ＮＨＫと管轄官庁である総務省へ抗議の質問状を提出した。以下はその全文である。

《遠藤氏は「氏名および住所を公にすると、日朝交渉に伴う水面下の努力が水泡に帰すので、止めて欲しい」と懇願し、「替わりに金日成の主治医につながる確かなパイプを有しているので、一～二カ月待ってもらえれば解決できる」と事実上の会見中止を要請し、家族側は同意せざるを得なかった。記者会見は開かれたが、当初の私達家族の目的は頓挫した。

平成五年五月には兵庫県警外事課より娘の消息につながる証拠写真の提示を受け、調書が作られ、翌年三月の週刊文春が「恵子とＩさん・Ｍさん」の拉致に関わる記事を掲載した。これらの事を踏まえ「事情が大きく異なった」として私は再度記者会見を要請するが各社全く取り合わなかった。

ＮＨＫに対しては、同年四月以降再三説明を求めたが、社会部長の井手上伸一氏から問題の究明に取り組むとした返答を、十二月二十二日付けで受領したものの、約六年半が経過した現在も、私達家族はその結果を知らされていない。

「拉致事件」に関する国民的関心が高まった今日、本件を個人的なものとして曖昧《あいまい》なままこれ以上放置することは、事件の早期解決に向けた国民的コンセンサスづくりに、むしろマイナスであろうと判断し、今回の「質問状提出」に至った。

質問及び要望事項

1．本件に関し、事実関係を調査して結果を公表して下さい。
2．本件が貴局の報道倫理上問題が有ったのか否か、貴局の見解を表明して下さい。
3．本書文中のＩ・Ｍ両家のプライバシーに充分ご配慮頂くことを、切にお願い申し上げます。》

有本さんの質問状にＮＨＫは今もなお何も答えていない。一方、ポーランドから石岡章さんに手紙が届いたころ、前年発売された村上春樹の『ノルウェイの森』が二年越しのベストセラーになっていた。この小説は、八〇年代に六〇年代末期の学生時代を振り返るストーリーで、冒頭の場面で国際線の機内放送で「ノルウェーの森」が流れるソーンがある。じつは、ビートルズの「ノルウェーの森」の意味は、ノルウェイ製の木製家具かノルウェイの木材を使ったロッジのことを歌っているという解釈がある。

3 ノルウェイの森はどこにあるのか

昭和天皇と『ノルウェイの森』

昭和六十三年（一九八八）十月三十日、午後二時から行われたF1日本グランプリの決勝の模様が夜の八時から中継録画で放送された。当時は信じられないことに、地元の日本グランプリでも生中継でなく、ゴールデンタイムに録画放送されていた。フジテレビがF1中継を始めた二年目であり、番組スポンサーを獲得するのと一般への認知度を上げることが優先されていたからだ。

時差の問題と、レースで何か事故が起きた場合、放送時間枠内に収まらなくなるという事情もあったため、当時の日本でのF1中継はほぼ全て同日ではあるが、録画で放送されていた。ライブで放送されたのは、日本グランプリと時差がほとんどないオーストラリアグランプリ、そして時差が最もあるブラジルグランプリくらいであった。

当時、Ｆ１観戦のバスツアーのほとんどは、鈴鹿でレースを観た後に夕方鈴鹿を出発し、途中で大きな温泉ホテルなどで食事を取りながら中継録画を見るのがほとんどだった。この日もアイルトン・セナが初の世界チャンピオンを獲得したレースを目の当たりにした観戦客が中継録画の大画面を食い入るように見つめていた。私もこの年は取材パスを持ちながら、そういった観戦バスツアーに友人たちと加わっていた。

ちょうど、セナがトップで高速コーナーで有名な鈴鹿の「１３０Ｒ」を通過した時だったろうか、「今日の天皇陛下のご容態」というテロップが流れた。血圧、体温などの細かい数字が画面を横切って行った。当時のテレビの録画を見れば、どの番組でも昭和天皇のご容態を伝えるテロップが流れているはずだ。昭和天皇が重態に陥ってから、このようにＮＨＫを含めた全テレビ局が毎日克明に昭和天皇のご病状を伝えていた。

すぐ傍にいた観戦ツアーの一人が言った。

「頭に来ますよね。せっかくの中継画面にあんなのが出て」

もちろん、こういう発言が当時の国民一般の気持ちを代弁していたわけではない。というのも、その一方で、皇居前に拵《こしら》えられた昭和天皇のご病状回復を願う記帳台に連日数多くの国民がつめかけていたからだ。鈴鹿の帰り道の言葉で注目するべきは、学校教育の影響かどうかは知らないが、すでに三十年以上前の昭和の終わりに、天皇のことを知らない日本人がいたということである。

皇居の記帳では、年齢層、性別を問わず、女子高生から戦前世代の老人までもが、誰に強制されたわけでもないのに長蛇の列を作っていた。しかも、マスメディアが盛んに報道したわけでもない。むしろ、記帳台ができて多くの国民が集まることは控えめに報道されていた。それにもかかわらず、多くの国民が入れ替わり立ち替わり、昭和天皇のご健康を案じて連日皇居へ駆けつけていたのである。

クリスマス商品としても消費された〈文学〉

そんな昭和六三年（一九八八）の秋が深まった頃、「『ノルウェイの森』読んだ？」という言葉が少々大袈裟にいえば、人々の間で交わされる挨拶のようになっていた。前年の昭和六二年（一九八七）九月十日に初版が発売された『ノルウェイの森』は密かなブームとして売り上げを伸ばしていたが、版元の講談社は昭和六二年（一九八七）の販売戦略として上下二巻の『ノルウェイの森』を恋人たちのクリスマスプレゼントにしようというキャンペーンを張り、同年の暮れから翌年にかけて誰もが知るベストセラーになった。

翌昭和六十三年（一九八八）にはそれがさらに爆発的なブームとなり、ロングセラー、ベストセラーとして版を重ねていたのである。したがって、かつてのプロ野球の巨人戦の話題のように、この年の晩秋には一部の人々の間では『ノルウェイの森』が挨拶となっていた。屡言《しばしば》われるのは、商業的成功と作品の良し悪しは必ずしも比例するものでなく、むしろ反比例するケースもあるという通説である。

しかし、『ノルウェイの森』に関してはこの通説は見事に当てはまらなかった。通俗的に大ヒットしたにもかかわらず、戦後の日本文学の中で重要な位置を占める作品の一つになり得たのだった。

処女作以来、「ぼく」が綴る村上春樹の物語は、この一作で大きな変化を遂げた。すでに三十六歳で『世界の終りとハードボイルド・ワンダーランド』（昭和六十年〔一九八五〕）で第二十一回谷崎潤一郎賞を受賞し、作家として確固たる位置を築いていた村上だったが、これまでの村上作品で描かれた〈性〉が初めて本物の肉体とぶつかり、〈性〉を書くことに成功した。コーラを飲むように行う嘘臭い〈性〉が、性行為を行う〈性〉そのものへ転化することができたのである。

というのも、「ぼく」が寮の先輩である外交官志望の東大生、永沢と盛り場でナンパしてどこの誰か分からない女の子と〈セックス〉する〈性〉と、物語の途中から「ぼく」の前から姿を消し、療養所に入る直子との一回限りの〈性〉は明らかに異なったもので、大学の同級生、緑との性行為もただの〈セックス〉と一線を画したものになっている。

恋愛小説として売り出したい出版社の意向が成功するには、そのような内実が必要だった。装幀は村上自身が手がけていて、金色の帯に「一〇〇パーセントの恋愛小説」というコピーが書かれ、上下巻がそれぞれ、赤と緑のカバーということから、まさにクリスマス商戦に合わせた商品としての意図も込められていた。

実は金色の帯は村上の意図したものではなく、発売後しばらく経ってから出版社の意向で変えられたと言われている。また、「一〇〇パーセントの恋愛小説」というコピーも、これまでの作品とはコンセプトが違うという意味で「一〇〇パーセントのリアリズム小説」と村上は書きたかったが、無理なので洒落っ気で「恋愛小説」という実体のない死語を引っ張り出してきたと、『そうだ、村上さんに聞いてみよう』（朝日新聞出版）の中で述べている。

システムとしての村上春樹

この物語はまたしても村上の専売特許になった登場人物の夥《おびただ》しい死と失踪と、過剰な性行為が散りばめられている。まさに、これは〈村上的システム〉なのだが、八〇年代の表面上は底抜けに明るく、無限であるかのような経済成長に酔いしれる日本社会の一方に、じつは大きな暗い落とし穴が潜んでいることを村上春樹は暗示していたのである。

二十一年後の平成二十一年（二〇〇九）に村上春樹はエルサレム国際ブックフェアで表彰される文学賞、エルサレム賞を受賞した。エルサレムでの授賞式で、村上は「システム」を非難し、「システム」という壁の網の目に人間の精神が絡め盗られることを防ぐために小説を書いている、と演説した。

《（前略）小説を書いているときにいつも心に留めていることなのです。（略）私の心の壁に刻まれているものなのです。それはこういうことです。「高くて、固い壁があり、それにぶつかって壊れる卵があるとしたら、私は常に卵側に立つ」ということです。

この暗喩《あんゆ》が何を意味するのでしょうか？　いくつかの場合、それはあまりに単純で明白です。爆弾、戦車、ロケット弾、白リン弾は高い壁です。これらによって押しつぶされ、焼かれ、銃撃を受ける非武装の市民たちが卵です。これがこの暗喩の一つの解釈です。

（略）

私たちは皆、多かれ少なかれ、卵なのです。私たちはそれぞれ、壊れやすい殻の中に入った個性的でかけがえのない心を持っているのです。わたしもそうですし、皆さんもそうなのです。そして、私たちは皆、程度の差こそあれ、高く、堅固な壁に直面しています。その壁の名前は「システム」です。「システム」は私たちを守る存在と思われていますが、時に自己増殖し、私たちを殺し、さらに私たちに他者を冷酷かつ効果的、組織的に殺させ始めるのです。

私が小説を書く目的はただ一つです。個々の精神が持つ威厳さを表出し、それに光を当てることです。小説を書く目的は、「システム」の網の目に私たちの魂がからめ捕られ、傷つけられることを防ぐために、「システム」に対する警戒警報を鳴らし、注意を向けさせることです。私は、生死を扱った物語、愛の物語、人を泣かせ、怖がらせ、笑わせる物語などの小説を書くことで、個々の精神の個性を明確にすることが小説家の仕事であると心から信じています。というわけで、私たちは日々、本当に真剣に作り話を紡ぎ上げていくのです。（略）

今日、皆さんにお話ししたいことは一つだけです。私たちは、国籍、人種を超越した人間であり、個々の存在なのです。「システム」と言われる堅固な壁に直面している壊れやすい卵なのです。どこからみても、勝ち目はみえてきません。壁はあまりに高く、強固で、冷たい存在です。もし、私たちに勝利への希望がみえることがあるとしたら、私たち自身や他者の独自性やかけがえのなさを、さらに魂を互いに交わらせることで得ることのできる温かみを強く信じることから生じるものでなければならないでしょう。

このことを考えてみてください。私たちは皆、実際の、生きた精神を持っているのです。「システム」はそういったものではありません。「システム」がわれわれを食い物にすることを許してはいけません。「システム」に自己増殖を許してはなりません。「システム」が私たちをつくったのではなく、私たちが「システム」をつくったのです。

これが、私がお話ししたいすべてです。》

村上は明らかに賞を与えたイスラエルの「システム」を批判する演説を行ってエルサルム賞を受賞した。驚くことに、日本のジャーナリズムでこの演説を疑問視する声は皆無に近かったのである。

二十年後のシステムと細部のリアリティ

小説という嘘の物語を書くのは、真実を見つけるためだと冒頭村上は述べる。

《上手な嘘をつく、いってみれば、作り話を現実にすることによって、小説家は真実を暴き、新たな光でそれを照らすことができるのです。多くの場合、真実の本来の姿を把握し、正確に表現することは事実上不可能です。だからこそ、私たちは真実を隠れた場所からおびき出し、架空の場所へと運び、小説の形に置き換えるのです。しかしながら、これを成功させるには、私たちの中のどこに真実が存在するのかを明確にしなければなりません。このことは、よい嘘をでっち上げるのに必要な資質なのです。》

この部分に関しては全く正しい認識であり、『ノルウェイの森』を書いた時の村上も上手に〈嘘〉をでっち上げることに成功した。しかし、この授賞式のスピーチに批判らしい批判が皆無だったことは、村上が恐れている「システム」が日本のジャーナリズムの中に構築されてしまったということではないだろうか？　じつは村上自身が、こんな言論状況に憤《いきどお》らなければおかしい。

村上は自分が「国籍、人種を超越した人間であり、個々の存在」であろうとすることを自負するが、逆に人間が「国籍、人種を超越した人間であり、個々の存在である」という教養を絶対とする「システム」と闘わなければならないこともあるという一面が見えていない。したがって、彼はチベットやウイグルの民族虐殺の悲劇も、北朝鮮民衆の惨状も、台湾と日本を脅かす中華民族ファシズムの実態も、理解できないのではないか。つまり、村上は「人は国籍、人種を超越した個々の存在」であるという教義をフェイクとして掲げて、実際は「国籍、人種を超越した個々の存在」を圧殺するシステムの欺瞞《ぎまん》性に気づいていないということになる。

そもそも村上作品に頻発する「死」と「失踪」と「性」は村上作品のシステムである。それらの道具立てがいかに上手な「嘘」に昇華できるかで、あるいは消化されるかで、作品の優劣が決められる。そして、そのために欠くべからざる決定的な要素は、言うまでもなく文体そのものと文体の細部にあり、それを保証するのがリアリティなのである。

平成十五年（二〇〇三）の『ノルウェイの森　村上春樹全作品1979〜1989 6』（講談社）に「一〇〇パーセント・リアリズムへの挑戦『自作を語る』」というサブタイトルがあるように、村上は『ノルウェイの森』をリアリズム小説と位置づけている。じつは、そこにこの小説の様々な読み解き方と問題点が窺える。

どこにもないノルウェイの森

『ノルウェイの森』では「永沢さん」も「システム」について恋人のハツミとの会話でこう語っている。

《「永沢君、あなたは私にもべつに理解されなくったっていいと思ってるの？」とハツミさんが訊いた。

「君にはどうもよくわかっていないようだけれど、人が誰かを理解するのはしかるべき時期が来たからであって、その誰かが相手に理解してほしいと望んだからではない」

「じゃあ私が誰かにきちんと私を理解してほしいと望むのは間違ったことなの？　たとえばあなたに？」

「いや、べつに間違っていないよ」と永沢さんは答えた。「まともな人間はそれを恋と呼ぶ。もし君が俺を理解してほしいと思うのならね。俺のシステムは他の人間の生き方のシステムとはずいぶん違うんだよ」

「でも私に恋してはいないのね？」

「だから君は僕のシステムを――」

「システムなんてどうでもいいわよ！」とハツミさんがどなった。彼女がどなったのを見たのはあとにも先にもこの一度きりだった。》（システムの傍点西村）

ここで使われる「システム」は、二十二年後にエルサレムで村上がスピーチで使った「システム」とは意味が違う。しかし、エルサレムの受賞演説の「システム」の原型がここにはある。解釈の違い、リテレイトの違いによって、人間関係の在り方が根本的に異なるということを外務官僚志望の永沢はデフォルトにしているのだが、その傲慢な人間観、女性観にリアリティを与えるために、村上はこのような恋人とのやり取りを書かざるを得なかったのだ。そして、人間関係の不可能性を、まさに絵に描いたように体現する「永沢さん」という〈システム〉に初期設定が行われ、もしかしたら、こんな人間も存在するかも知れないと読者に思わせる、冷たいエリートのリアリティが与えられている。

ところが、成功作であり、戦後文学の記念碑的な作品であると肯定する私が、『ノルウェイの森』の致命的欠陥として挙げなければならないのが細部のリアリティなのである。

直子が進学した《武蔵野のはずれにある女子大》が《英語の教育で有名なこぢんまりとした大学》で《彼女のアパートの近くにはきれいな用水が流れていて、時々我々はそのあたりを散歩した》のであるなら、なぜ、村上は武蔵野のはずれにある「津田塾大学」と

「玉川上水」という固有名詞を使用しなかったのだろうか？
それでいて、同級生の緑と新宿の「ＤＵＧ」をよく訪れている。
《ドイツ語の授業が終わると我々はバスに乗って新宿の町に出て、紀伊國屋裏手の地下にあるＤＵＧに入ってウォッカ・トニックを二杯ずつ飲んだ。》
「ぼく」はそのまま緑とＤＵＧで飲み続け、《全部で五杯ずつウォッカ・トニックを飲んで我々は店を出》るのだが、舞台設定の昭和四十四年（一九六九）に、取り立てて裕福でもない学生がこれだけＤＵＧで飲めるわけがない。ＤＵＧは現在でも紀伊國屋の裏手の靖国通りに面した地下にあるが、当時は紀伊國屋ビルの地下の、まさに裏手に存在した。まず、ＤＵＧには入学したての学生はいなかった。この時、緑はアルバイトのお金が入ったということで当時の一万円で勘定を払おうとするが、この細部にはリアリティがある。ただ、普通の学生が気楽に何杯もお代わりできないようなＤＵＧの存在と、津田塾や玉川上水のせせらぎを知らなければ、本当に『ノルウェイの森』の世界を咀嚼《そしゃく》することができないだろう。

4 現代史としての『ノルウェイの森』

DIGとDUG、異なった位相

　ＤＵＧは新宿の紀伊國屋本店ビル地下にあった。アドホック側の裏口に地下に降りる入口があった。私が初めて高校時代にＤＵＧに行ったのも、ちょうど『ノルウェイの森』で描かれていた昭和四十四年（一九六九）だった。ドアを開け階段を下りると木製の壁と温かい照明に迎えられ、細長いキャビンのような店内にジャズが静かに流れていた。店内にも小さな階段があり右側のカウンターとその先のテーブル席の先に一段低くなったフロアがあった。その奥にスピーカー、左側の壁際にアップライトのピアノが置かれていた。

　ＤＵＧが開店したのは二年前の昭和四十二年（一九六七）で、姉妹店のＤＩＧは昭和三十六年（一九六一）に開店していた。当時のジャズ好きなら、ほとんどの人がＤＩＧとＤＵＧを知っていたはずだ。第一章で書いたように、ＤＩＧは当時主流だったジャズ喫茶のモデルになった店で、大音量でジャズが流れ、私語を禁じられた客が求道者のように沈思黙考してジャズを聴いていた。

一方、DUGはそんなそれまでのジャズ喫茶のスタイルに革命をもたらした、全く新しい業態を志向した店だった。流れるジャズのボリュームは抑えられ、会話をしながらジャズを聴き、ピザやサンドイッチなどを摂りながらお酒も飲める店だった。カウンターに座ればホテルのバーと言っても違和感はなかっただろう。店員も白シャツに蝶ネクタイだったような記憶がある。

問題は村上春樹がなぜ『ノルウェイの森』の中で、「ぼく」が「緑」と行く店をDIGでなくDUGにしたかということだ。

恐らくそんなことを訊かれれば、作者は別に意味はないと答えるかも知れない。しかし、もしそれが本当の答えだとしても、作家は自意識の働かない部分で自己を簡単に表出する。自意識だけで言葉を選び文章を綴れると誰でも考えがちだが、別に精神分析学を持ち出さなくても、それは近代以降の作家の陥る陥穽《かんせい》ではないだろうか。

失踪した直子に代わって緑を選んだ以上、「ぼく」にとって緑は非常に重要な存在になった。であるなら、緑と早稲田からバスで行く新宿の雑踏の中で、数多くあったジャズ喫茶の中からＤＵＧを選んだのは、そこに村上の用意周到な仕掛けがあったからなのである。しかも、ＤＩＧでなかったことが重要だ。先にも触れたが、もし、同時代にジャズを聴いていた中上健次が新宿からジャズ喫茶を選ぶのであれば、間違いなくＤＩＧか、木馬か、ビザール、あるいはビレッジ・バンガードを小説の舞台にしていたはずだ。そこで言葉による会話はなくともシラブルを介する会話を中上健二は書いていたかも知れない。

中上作品の粘着性、ねちっこさ、暗さ、猥雑さは、そのままＤＩＧという店を象徴するが、逆に村上作品の乾いた感性、軽さ、明るさ、コーラを飲むような性行為は、ＤＵＧを象徴するものだった。この位相の差異が分からないと、村上がどのように上手に〈嘘〉をついて物語を紡ぎだしていたかが理解できないのではないだろうか。

細部の失敗と大きな嘘

恐らく村上の一番の成功作である『ノルウェイの森』に、ディテールのリアリティに問題があると前述したのは、嘘が混在した細部が作品全体に及ぼす影響を懸念したからだ。もちろん、作家にとって読者に見破られない嘘はいわば一種の企業秘密のようなものであり、フィクションを構築する言葉の壁の中に塗りこめてしまえば済んでしまうものかも知れない。騙《だま》されるのは読者であり、しかも、騙された読者には実害はないからだ。

ただ、作品を読み解く場合、特に今回のように「一九八〇年代」を「幻の黄金時代」として時代精神と空間の歴史を綴ろうとすれば、作家のその種の詐術をより一層緻密に分析することが必要不可欠となる。

なぜなら、私はこの拙文をフィクションとして書いているのでなく、あくまでも現代史の試論として書いているからだ。現代史は時代を読むという試みの中で最もプリミティブな手法を大切にしなければならない。それは、現代史は、書き手がその時代を共有していたという前提の中で、かろうじて時代の空気を伝えられる可能性を孕《はら》んだものなのだから、ディテールの解析を方法論の最初の手続きにしなければならないということである。

歴史を叙述することは本来ほぼ不可能なものであり、事実を事実として記録し伝えるという絶対不可能なものへの人間の営みである。そもそも、事実を物語って歴史になるからHISTORYなのである。しかし、現代史ならその不可能性の中でギリギリの極限まで努力できる。事実を事実として伝えられる可能性に拘泥《こうでい》しないわけにはいかない。

したがって、八〇年代の話題作であり成功した小説を、現代史という歴史の中に置いて読み説くのなら、作品の嘘を精緻に分析しなければならない。そうして初めて、「時代の空気」を書き記すことができるのではないだろうか。

先に触れた村上のエルサレム賞受賞演説を再び引用しよう。

《上手な嘘をつく、いってみれば、作り話を現実にすることによって、小説家は真実を暴き、新たな光でそれを照らすことができるのです。多くの場合、真実の本来の姿を把握し、正確に表現することは事実上不可能です。だからこそ、私たちは真実を隠れた場所からおびき出し、架空の場所へと運び、小説の形に置き換えるのです。しかしながら、これを成功させるには、私たちの中のどこに真実が存在するのかを明確にしなければなりません。このことは、よい嘘をでっち上げるのに必要な資質なのです。》

つまり、村上は確信犯的に『ノルウェイの森』において、DIGでなくDUGを選んだのである。しかし、そこでの失敗は、DUGが当時の大学一年生にとって、決して気軽に《ウォッカ・トニックを二杯ずつ飲んだ》り、《全部で五杯ずつウォッカ・トニックを飲》めるような店ではなかったことだ。ここで、明らかに村上は、細部の《よい嘘をでっち上げるのに》失敗しているのである。

幸いにして『ノルウェイの森』ではこの失敗は見過ごされ、成功作として今日まで命脈を保っている。しかし、ただ一つの欠陥が看過されたことによって、『ノルウェイの森』以上のものを村上が書き残せたかどうか疑問がある。そして、その欠陥が二十二年後に『1Q84』を破綻に導いたと言えるのではないだろうか。『1Q84』は決して『ノルウェイの森』を超えることができなかったのである。

リアリティと時代の空気

『ノルウェイの森』を書いた二十二年後に村上は「エルサレム賞」受賞演説で小説を書く目的を述べていたが、作品は、作家の目的とは別に存在してしまう。『ノルウェイの森』を書いた時の目的が二十二年後にエルサレムで表白されたものと同じかどうか分からないが、少なくとも時代の空気を表したものとして八〇年代の多くの読者に受け入れられたことは間違いない事実である。

DUGに一緒に行く緑と出会ったころ、「ぼく」は昭和四十四年（一九六九）を、つまり『ノルウェイの森』が書かれた十八年前のキャンパスの光景をこう書いている。

《講義が半分ほど進み、教師が黒板にギリシャ劇の舞台装置の絵を描いているところに、またドアが開いてヘルメットをかぶった学生が二人入ってきた。まるで漫才のコンビみたいな二人組だった。一人はひょろりとして色白で背が高く、もう一人は背が低く丸顔で色が黒く、似合わない髭をのばしていた。背が高い方がアジ・ビラを抱えていた。背の低い方が教師のところに行って、授業の後半を討論にあてたいので了承していただきたい。ギリシャ悲劇よりもっと深刻な問題が現在の世界を覆っているのだと言った。それは要求でなく、単なる通告だった。ギリシャ悲劇より深刻な問題が現在の世界に存在するとは私には思えないが、何を言っても無駄だろうから好きにしなさい、と教師は言った。そして机のふちをぎゅっとつかんで足を下におろし、杖をとって足を引きずりながら教室を出ていった。

背の高い学生がビラを配っているあいだ、丸顔の学生が壇上に立って演説をした。ビラにはあらゆる事象を単純化する独特の簡潔な書体で「欺瞞的総長選挙を粉砕し」「あらたなる全学ストへと全力を結集し」「日帝＝産学協同路線に鉄槌を加える」と書いてあった。説は立派だったし、内容にとくに異論はなかったが、文章に説得力がなかった。信頼性もなければ、人の心を駆りたてる力もなかった。丸顔の演説も似たりよったりだった。いつもの古い唄だった。メロディーが同じで、歌詞のてにをはが違うだけだった。この連中の

真の敵は国家権力でなく想像力の欠如だろうと僕は思った。》（傍点西村・「てにをは」傍点原著者）

六〇年代末期のどこの大学にもあったありふれた光景なのだが、ここでも「ぼく」の心の描写に矛盾がある。活動家学生の《真の敵は国家権力でなく想像力の欠如だろうと》思える「ぼく」が、なぜ、このアジビラを《説は立派だったし、内容にとくに異論はなかった》と思えたのだろうか？　ギリシャ悲劇の授業を中断させたゲバ学生のまいたアジビラの文章や演説の言葉に《説得力》があり、ちょっとこじゃれた新しいスタイルの演説だったのなら、心を駆りたてられた「ぼく」は、《漫才のコンビみたいな二人組》と一緒にビラをまこうとしたのだろうか？

この「ぼく」の心理の決定的な矛盾を、村上は上手に誤魔化して、でっち上げただけだったのだろうか？　それとも、本当にそう思って「ぼく」の心象に村上の思いを仮託したのだろうか？　この整合性のなさ、論理性のなさに誰も言及しなかったのであろうか？
じつは、ここに私は、二十二年後のエルサレム賞受賞演説の萌芽を見るのである。村上は注意深くここで、《漫才のコンビみたいな二人組》の敵は《国家権力でなく想像力の欠如だろうと》揶揄《やゆ》しながら、一方で、その二人組のまいたアジビラの内容が《立派だったし、内容にとくに異論はなかった》としているのである。

心情三派と団塊の世代

七〇年安保騒動の頃、「心情三派」という言葉があった。いわゆる反日共系の三派全学連の学内や街頭での破壊行動は肯定できないが、彼らの気持ちは理解できるという、当時の知識人やジャーナリズム、いや、それだけでなく教師を含めた大学関係者の間に共有されていた〈心情〉が「心情三派」と呼ばれていたのである。何のことはない。ギリシャ悲劇の授業を潰される「ぼく」は、まさに「心情三派」そのものではないのか。

と同時に『ノルウェイの森』の読者を想定した時も、作家が「心情三派」であることを隠さなければ、というより穏やかに表出していれば、より多くの読者に抵抗なく受け入れられるというビジネス上の理由からも、商業作品として成功する配慮がなされていたのである。そこで、「ぼく」には教室で授業を中断させた二人組への感情を嘘で誤魔化し、でっち上げる必要があったのである。

これは、昭和四十四年（一九六九）当時の一般学生で、しかも新入生ではなかなか現実ではあり得ない、ＤＵＧでウォッカ・トニックを飲むという〈プチブル的な〉行為も織り交ぜて、ストーリーに味付けをするテクニックと通じるものがある。『ノルウェイの森』が発表された昭和六十二年（一九八七）には、じつはカフェバーと呼ばれるお洒落な空間が新しい風俗として脚光を浴びていた。六本木のインクスティックなどが代表的な存在だったが、「カフェバー」などという流行語ができる遥か前からＤＵＧは武蔵野美術大学出身の建築家のインテリア設計と和田誠デザインのロゴマークが相まって、斬新な空間を作っていたのである。七〇年代末に神宮前で開店した「キャロンドール」もそういった最先端の店舗だった。ことさら「カフェバー」などという新語など必要のない、いいバーは至る場所に点在していたのである。

いずれにしても、そのような八〇年代後半の空気を反映させるためにも、『ノルウェイの森』で「ぼく」はＤＵＧでウォッカ・トニックを飲まなければならなかった。したがって、そこでディテールに嘘が必要となったのである。デビュー作『風の歌を聴け』の架空の「ジェイズ・バー」をバーチャルなものから成長させるためにも、実在する「ＤＵＧ」を無理やり登場させる必要があった。二重に嘘を重ねて、かろうじてリアリティを獲得したのである。

以上のような事情の上で、村上はＤＵＧに一緒に行った「緑」に、学生運動についてさらに言及させている。

《「そのとき思ったわ、私。こいつらみんなインチキだって。適当に偉そうな言葉ふりまわしていい気分になって、新入生の女の子を感心させて、スカートの中に手をつっこむことしか考えてないのよ、あの人たち。そして四年生になったら髪の毛短くして三菱商事だのＴＢＳだのＩＢＭだの富士銀行だのにさっさと就職して、マルクスなんて読んだこともないかわいい奥さんもらって子供にいやみったらしい凝った名前つけるのよ。何が産学協同体粉砕よ。おかしくって涙が出てくるわよ。」》

緑は明らかに「ぼく」より学生運動に批判的である。決断力がない、とりとめのない「ぼく」の代わりに、村上は「緑」にもう一つの心情を表白させることによって心情三派である自らの立ち位置を相対化することに成功している。つまり、ここで『ノルウェイの森』は一気に救済されることになる。ギリギリのところで、駄作から、八〇年代の傑作と躊躇《ちゅうちょ》なく呼ぶのに吝《やぶさ》かでない作品に昇華するのである。

三島由紀夫と村上春樹

ところで、以前触れた『羊をめぐる冒険』に三島由紀夫への言及がある。昭和五十七年（一九八二）に『羊をめぐる冒険』で第四回野間文芸新人賞を受賞して新進作家としての地位を確立した村上だったが、三島由紀夫に対し否定的見解しか述べない村上が、珍しく作中人物に語らせているのである。第一章「1970－11－25」の以下の記述だ。

《我々は林を抜けてＩＣＵのキャンパスまで歩き、いつものようにラウンジに座ってホットドッグをかじった。午後の二時で、ラウンジのテレビには三島由紀夫の姿が何度も何度も繰り返し映し出されていた。ヴォリュームが故障していたせいで、音声は殆ど聞き取れなかったが、どちらにしてもそれは我々にとってはどうでもいいことだった。》

この日は三島由紀夫が楯の会の森田必勝《まさかつ》と、自衛隊市ヶ谷駐屯地で自決した日だった。「水曜の午後のピクニック」という小見出しがあるが、当日は晴れていたが肌寒く、ピクニックに出かけられるような天気ではなかったという記憶がある。それはともかく、この描写は大江健三郎が三島事件直後に『波』で述べていたエッセイと驚くほど酷似する。それは《どうでもいいことだった》という感想だった。

まるで『ノルウェイの森』で緑が語る全共闘批判に通じるものがあるようだが、村上はここでも、上手な嘘をついている。というのも、《どちらにしてもそれは我々にとってはどうでもいいことだった》のなら、わざわざ、第一章のタイトルを憂国忌となった三島由紀夫の命日にする必要など全くないからだ。しかも、わざわざ《どうでもいいことだった》と主人公に言わせるほど、村上が三島由紀夫の存在と死に拘泥している証左なのである。

ビートルズの「ノルウェーの森」は実際のノルウェイの森林でなく、ノルウェイ製の木製家具かノルウェイの木材を使ったロッジであるという説が一般的であることは先に述べた。つまり、あの曲をノルウェイのフィヨルドの森林に重ね合わせて聴くのは滑稽ということになる。しかし、村上の『ノルウェイの森』はそんな多義的な意味も含めて、「一九八〇年代」の華やかな日本の黄金時代の地表に、底知れない闇に繋がる大きな暗い穴が開いていたことを暗示していたのである。

第七章

昭和の終わりと日本の黄金時代

1 昭和の終焉と八〇年代最後の年

昭和天皇崩御

昭和六十三年（一九八八）の初秋から日本のジャーナリズムの最大の関心は昭和天皇の健康状態だったと言っても過言ではない。一般週刊誌から女性誌、総合誌に至るまで、健康状況を悪化させていた天皇の崩御をどう報道するかに関心が集まり、写真の選定に始まる特集記事の予定稿づくりや、〈そのとき〉の速報体制にどう臨むかに各社は密かに鎬《しのぎ》を削っていた。

皇居前に設けられた昭和天皇のご容態回復を祈念する記帳台は、やがて各地方自治体の庁舎にも設置されるようになった。前述したが、昭和六十三年（一九八八）の秋も深まる頃には、皇居前に設置された多くの記帳台に女子高校生から老人まで、それこそ老若男女を問わない長蛇の列が連日、引きも切らずに見られたのである。昼休みになれば近くの丸の内や有楽町界隈からサラリーマンやＯＬが散歩ついでに駆け付ける姿もあった。そんな様子を『週刊文春』は「誰に頼まれたわけでもないのに、多くの人々が記帳台に訪れている」となかば珍現象としてグラビアページで紹介していたほどだ。

年が明けて松の内も明けやらぬ一月七日、〈そのとき〉は呆気《あっけ》なく訪れた。昭和六十四年（一九八九）一月七日午前六時三十三分、昭和天皇が崩御した。

一つの時代が紛れもなく終わった。この瞬間を共有していた人は、年齢層、性別、職業、思想的背景など関係なく、誰もが「何かが終わった」と感じていたはずである。なぜか天皇崩御の瞬間や〈そのとき〉の天候、ニュース、自分

1989年1月7日、皇居・坂下門にて。昭和天皇崩御のニュースを聞き、記帳所には大勢の国民が詰めかけた。
写真／時事

がどこで何をしていたのかということを時間のエアーポケットに入ったように全く憶えていないのだが、大喪《たいそう》の礼が行われた二月二十四日までの間、毎日どんよりとした天気が続いていたような感覚がある。

天皇の葬儀である大喪の礼は二月二十四日に執り行われた。朝から冷たい雨が降りしきる中、皇居から祭場である葬場殿が設けられた新宿御苑、墓所となる八王子の武蔵御陵地まで、雨が間断なくアスファルトの舗装を打ち続けていたにもかかわらず、沿道には二十万人以上の国民が出て昭和天皇を見送った。

ＮＨＫを始め民放各局は特別編成で終日特別番組を放送した。民放では民間企業のＣＭは自粛され、公共広告機構のＣＭに全て差し替えられた。公休日となったので多くの公共施設は休館して休業した小売店もあった。世界一六四カ国、二十七機関、七百人に及ぶ人々が新宿御苑に設置された葬場殿に参列したのである。先進国首脳会議Ｇ７サミットを構成する先進国は言うに及ばず、世界各国の国家元首があれだけの規模で勢揃いすることは皆無と言っていいだろう。印象的だったのは、二〇〇八年毛沢東派の政府転覆で事実上消滅したネパール王国の国王やブータン王国国王など、アジア・アフリカ諸国の元首の姿が壮観だったことである。葬儀に臨む正装として伝統的な民族衣装をまとった元首たちの存在が、ひときわＧ７サミットなどに代表される欧米中心の国際舞台とは異なった世界を現出させていたのである。

馬脚を現した贋ポストモダン派

戦後生まれ、ポスト団塊の世代の私にとって、他の同世代も恐らくそうであるように、天皇の存在自体がほとんど無意識のまま日常生活を過ごす日々の中で埋没していた。昭和二十七年（一九五二）の日本の国家主権恢復後も、戦後教育では皇室の歴史や意味を公教育で教えることが一種のタブーのようになっていたからである。したがって、天皇の存在が意識の対象にもなっていない人も多かったのではないだろうか。だからこそ、『週刊文春』は「誰にも頼まれたわけでもないのに多くの国民が記帳の列を作る」ことに驚いて特集し、一方では、天皇のご病状を配慮する自粛ムードをやんわり批判するジャーナリズムも存在し得たのだった。

かつての新左翼過激派が大喪の礼の車列に散発的なテロ攻撃を仕掛けた事件もあったが、ほとんどそれらも無視された。ジャーナリズムが無視したというより大衆が無視したのである。一般国民、大衆、あるいは民衆という呼び方もあるが、敢えて柳田國男が使った〈常民〉という言葉を使ってみたい。大多数の〈常民〉は静かに昭和天皇の死を弔い、崩御を悼み、黙って〈そのとき〉に処したのである。

八〇年代の黄金時代をひた走り、その夢の中で一人当たりのＧＤＰ（国民総生産）でも天皇崩御の二年前の昭和六十二年（一九八七）には、遂に米国を抜き去り、スイス、ルクセンブルグ、アイスランドに次ぐ世界四位にまで登りつめた日本という国家の〈常民〉の中心は、既に述べたように大東亜戦争に敗れた戦前、戦中に生まれた人たちだった。そういう意味でも、昭和天皇崩御はまさに日本人の民族意志を歴史的に、しかも論理的に体現した時代精神の象徴だったのである。

しかし、そのような時代状況で挙行された大喪の礼には、八〇年代の日本を内側から知らず知らず蝕《むしば》んできた病相が顔を出していた。それは戦後の日本社会が長年抱えてきた本質的な問題なのだが、誰もが看過したまま通り過ぎていたのである。

参列した世界各国の国家元首とは明らかに格が違う地位の人間を送り込んだのは、シナ、韓国で、北朝鮮は国交もないことから参列者はいなかった。シナは銭其琛《センキシン》外相、韓国は姜《カン》英勲《ヨンフン》国務総理が参列した。〈特定アジア〉と呼ばれるシナ、韓国、北朝鮮の三カ国が見事に大喪の礼に、礼をわきまえない態度で臨んでいた。何とも、その後の日本を暗示するものではないか。八〇年代から特定アジアに歴史認識カードを切らされていた日本は、三年後の「河野談話」、五年後の「村山談話」をこのように大喪の礼の時に用意していたのである。

また一方では、浅田彰の「土人発言事件」があった。ちょうど崩御の日に発売された『文学界』（昭和六十四年二月号）に、浅田彰と柄谷行人《からたにこうじん》との対談が掲載された。その「昭和精神史を検証する」という対談で浅田彰は「自分はなんという土人の国にいるのだろう」と述べていた。昭和天皇のご容態を心配する〈常民〉の記帳の列をそう評したのだが、この言葉で〈脱構築〉も〈ポストモダン〉も何もかも、自ら進んで崩落させてしまう〈八〇年代の知性〉の恐ろしいまでの古臭さと思考停止状態が露呈してしまったのだ。

八〇年代前半から一種のブームになっていた〈ニューアカデミズム〉の旗手と言われていた浅田彰にとって、これは別に不用意な言葉ではなく、北一輝《きたいっき》が『国体論及び純正社会主義』で穂積八束《ほずみやつか》を「土人部落の酋長」と呼んだのに倣《なら》ったものと、十八年後に高澤秀次《たかざわしゅうじ》との対談で説明している。

《皇居前広場で土下座している連中を見るとなんという「土人」の国かと思う、と言ったのに、北一輝に関する部分がカットされて、僕の「土人」発言だけが残ってしまった。もちろんそれでもぜんぜんOKですけどね（笑）。それに対して中上健次は、宮中の歌会始の常連である岡野弘彦と、「いや、天皇こそが日本という国の言の葉の連綿たるつらなりを支えているのだ」というような話をしている。》（傍点原文ママ「中上と三島、或いは80年代をめぐって」『「WB」WASEDA bungaku FreePaper』vol.091/2_2007_06）

浅田がいみじくも述べているように北一輝であれ、出口王仁三郎《でぐちおにさぶろう》であれ、幸徳秋水《こうとくしゅうすい》であれ、橘孝三郎《たちばなこうざぶろう》であれ、友清歓真《ともきよよしさね》であれ誰でもいい。誰のどんな著作を持ち出そうとも、浅田は皇室信仰や日本の立憲君主制を「土人の国」と評価した事実が残ってもぜんぜん《OKです》ではないと口が裂けても言いたくないのだろう。

浅田の言葉は大喪の礼に参列したネパールやブータンの国王を始め、世界の立憲君主制の君主たちに向けられた、極めて古式ゆかしい拙劣なサヨク言葉に過ぎなかったのだ。その後の時代も、このような贋《にせ》ポストモダン論者たちが手を替え品を替え、少しも自分たちの思考がポストモダン状況にならないまま、モダンの枠組みに囚われたまま、今日までモダン・サヨク思考の軸を担う土人文化人として延命することになったのである。

歴史の終焉と何かの始まり

前述の対談で浅田は図らずもいかにサヨク思想を延命させようとしたかをこう述べている。

《いつの時代にもその時代なりの制約がある。七〇年代以降、連合赤軍事件のようなろくでもないことが続いて、左翼や新左翼について語ること自体が暗いという空気があった、そういう空気を無理にでも転換する必要があった。》

何ともまあ、並々ならぬ苦労で便衣兵《べんいへい》としての決意をもって、イデオロギー闘争に臨んでいたのである。

じつは、昭和天皇の崩御と重なるように、崩御の三日前、一月四日午前八時に東京都足立区綾瀬で戦慄すべき事件が起きていた。事件が発覚した後に「女子高生コンクリート詰め殺人事件」と呼ばれる残虐な殺人事件だ。事件当時高校生だった犯人四人は少年法に守られ、出所後（刑期は懲役三年〜二十年）〈常民〉として暮らしていると言われていたが、結局、四人のうち三人が再び逮捕される（殺人未遂〔有罪〕、振り込め詐欺〔不起訴〕、逮捕監禁致傷罪〔有罪〕）という事態を引き起こしている。

天皇崩御と「女子高生コンクリート詰め殺人事件」が確実に昭和という時代の終わりを告げ、平成の御代《みよ》を暗示するかのように不気味な時代の断面を見せていたのだ。

ここでこの年の出来事を少し追ってみよう

○銀行、郵便局など金融機関の週休二日制スタート（2・4）

○二月　東欧に民主化の雪崩現象。ハンガリーが複数政党制を復活

○『火の鳥』『鉄腕アトム』『ジャングル大帝』など、数々の名作を残した漫画家手塚治虫死去（2・9）

○リクルート事件で逮捕者相次ぐ（2・13〜3・28）

○三月　アメリカ投資家が小糸製作所株買い占め

○消費税実施（4・1）

○朝日新聞珊瑚事件発生　四月二十日付け夕刊で沖縄珊瑚落書き自作自演報道

○五月以降、ベトナムからの難民船が次々に九州に漂着。大半が、中国から出稼ぎに来た偽装難民と判明。また、観光ビザなどで入国している不法就労者の摘発も相次ぐ

○アメリカ通商代表部が新通商法スーパー三〇一条に基づき、日本を不正貿易国に指定（5・25）

○首相交代相次ぐ　リクルート疑惑と政局混迷の責任をとり竹下首相退陣（6・2）

○中国天安門事件　戒厳部隊が天安門広場のデモ隊を武力鎮圧で虐殺（6・4）

○美空ひばり死去（6・24）。レコード店に記念盤を求めるファンが殺到、「ひばりフィーバー」盛り上がる

○六月　幼女連続誘拐殺人事件、学校でのウサギ惨殺事件など猟奇事件が続く

○六月　高級化する消費市場に対応するため、百貨店のリニューアル相次ぐ

○六月　ポーランドの自由選挙で「連帯」が圧勝

○参議院選挙で与野党逆転。社会党のマドンナブーム（7・23）

○竹下後継の宇野首相も参院選敗退で短命の六十九日で政権終わる（8・9）

○初の昭和生まれ、海部首相が誕生（8・10）

○連続幼女誘拐殺人犯宮崎勤を逮捕（8・10）

○日米構造協議始まる（9・4）
○礼宮親王、川嶋紀子さんと婚約（9・12）
○ソニーがコロンビア映画買収（9・27）
○イギリスのポリー・ペック社が山水電気買収（10・27）
○三菱地所がロックフェラーグループ買収（10・31）
○東ドイツが西ドイツとの国境を開放（11・9）
○チェコスロバキア一党独裁を廃止（11・30）
○十二月　ルーマニア、チャウシェスク政権崩壊。ソ連でも民族問題が先鋭化
○マルタ島で米ソ首脳会談が開かれ、東西冷戦の終結を確認（12・2～3）

このように、すでに国籍を超えた企業合併・買収（M＆A）が話題となり、一方では、小沢一郎が自由に総理の座を決定していく〈小沢システム〉がこの頃から機能し始めていたのである。日本企業の外国企業買収だけでなく日本企業も外資に買収されていたことが分かる。

しかも米国は五月二十五日に通商代表部が新通商法スーパー三〇一条に基づき、日本を不正貿易国に指定し、徐々に日本経済への実質的な攻撃を始めていた。ちなみに六月二十九日には、池田勇人内閣で所得倍増計画を立案した経済学者、下村治が逝去している。あまりに象徴的な出来事ではないだろうか。

日本株価最高値を記録して

幻のゴールデンエイジ、八〇年代の最終年、昭和六十四〔平成元〕年（一九八九）にいったい何が話題になっていたのだろうか。ここで当時のキーワード、流行語、テレビ番組、ヒット作などを具体的に列挙する。事実の断片を並べてみるだけで、何か新しい発見があるかも知れない。以下の羅列された単語を見て、こんな単語全然知らないという世代も含めて、受け止め方は世代間で大きな差異があるはずだ。

消費税実施、参院選保革逆転、内定切り、一円玉落札、吉野ケ里ブーム、究極の選択、W浅野ブーム、昼シャン、Hanako族、クロワッサン症候群、パソコン売春、帰宅拒

否症、ほたる族、ウルトラマン再ブーム、おたく族、相互銀行の普通銀行転換

流行語は、

セクシャルハラスメント（セクハラ）、山が動いた、平成、三点セット、消費税、ケジメ、トレンディー、マドンナ旋風、オバタリアン、オジンギャル、けばい、水っぽい、バイリンギャル、お局《つぼね》さま、アッシー、みつぐ君、つくしん坊、デューダする、平成貴族、時短、3K（汚い・きつい・危険）、フリーター、イカ天、ホコ天、ファジー、24時間戦えますか、濡れ落ち葉、そこまでいう、来てます、ツーショット、グッドですよ、ディベート、イケイケ、Mr.レディ

これらの言葉で今日まで命脈を保っているものも多いことが分かる。テレビ番組は以下の番組が話題になった。

朝まで生テレビ、PRE・STAGE（ANB）、やっぱり猫が好き、いきなりフライデーナイト（CX）、平成名物TV・いかすバンド天国（TBS）、禁断！イモリ帝国（NTV）、ひみつのアッコちゃん、おそ松くん（CX系）、悪魔くん、魔法使いサリ

ー（ＡＮＢ系）、ジャングル大帝（ＴＸ系）、関口宏のサンデーモーニング（ＴＢＳ系）、サンデープロジェクト、中村敦夫のザ・サンデー、噂の！東京マガジン、ＴＨＥ ＷＥＥＫ（ＣＸ系）、シリーズ真相（ＡＮＢ系）、ドキュメント'89「語り継ぐ戦争」、リトルボーイ・リトルガール（ＮＴＶ系）、翔べ！千羽鶴（ＴＢＳ系）、託す広島へのメッセージ（ＣＸ系）、とんねるずのみなさんのおかげです、ねるとん紅鯨団

また一方でテレビ視聴者の多様化が進み、音楽番組の地盤沈下が目立ち、十二年間続いた『ザ・ベストテン』（ＴＢＳ系）が九月に終了し、『夜のヒットスタジオ』（ＦＮＳ系）は二時間枠を一時間に縮小された。

そして、十二月二十九日、東京証券取引所の御用納めの日に、日本経済はまさに絶頂を迎えることになる。日経平均株価は、なんと三万八九一五円八七銭という、当時の史上最高値を記録した――その後令和六年（二〇二四）七月十一日に、終値で四万二二二四円と史上最高値を更新した。

「幻の黄金時代」を支え、時代精神を牽引してきた日本経済ゴールデンエイジの最終日が、ついに年の瀬にやって来たのだった。

2

八〇年代の夢は終わったのか？

ポスト「八〇年代」は二十年間の遅滞だった

八〇年代最後の年、平成元年（一九八九）は東証日経平均株価三万八九一五円八七銭という史上最高値を、十二月二十九日に記録して終わった。それは、もしかすると、九〇年代という新しい時代の開幕を告げる壮麗で明るいファンファーレになった可能性を秘めていたのかも知れない。七〇年代の最後の年に村上春樹が『風の歌を聴け』で群像新人賞を受賞し、土屋耕一が伊勢丹の広告コピーで「ああ、スポーツの空気だ。」と書き、ソニーが世界で初めてCDを発売したことが、八〇年代の日本の新しい文化と時代の空気を予感させたように、八〇年代最後の年の様々な出来事が、その後の日本を予見した事象になっていたのかも知れない。

しかし、手塚治虫と美空ひばりの死が象徴したように、もちろん、彼らの死を包含するような昭和天皇崩御があったのだが、東京証券取引所の商い最終日に記録した史上最高の平均株価を除けば、明るい未来や新時代の到来を予感させるような出来事は皆無だったと言ってもいい。むしろ、その後二十余年の平成の数々の凶事《まがごと》を予感させる「失われた三十年」そのもののプロトタイプ（原型）が平成元年（一九八九）に数多く見られるのである。

たとえば、二十一世紀になってからの二十余年で権威と信頼性を加速度的に失墜させている既存大手メディアの惨状を、それこそ予告するような象徴的な出来事が起きていた。いわゆる「朝日新聞珊瑚事件」である。四月二十日付け朝日新聞夕刊の一面に「写'89地球は何色？」という写真を大きく扱う連載企画の八段抜きの大きな記事があり、沖縄八重山群島の西表島の珊瑚礁に悪質な落書きがあったことを報じていた。

《サンゴ汚したK・Yってだれだ》

この有名なヘッドラインに続き記事にはこう書かれていた。

《これは一体なんのつもりだろう。沖縄・八重山群島西表島の西端、崎山湾へ、長径八メートルという巨大なアザミサンゴを撮影に行った私たちの同僚は、この「K・Y」のイニシャルを見つけたとき、しばし言葉を失った。（中略）日本人は、落書きにかけては今や世界に冠たる民族かもしれない。だけどこれは、将来の人たちが見たら、八〇年代日本人の記念碑になるに違いない。百年単位で育ってきたものを、瞬時に傷つけて恥じない、精神の貧しさの、すさんだ心の……。

にしても、一体「K・Y」ってだれだ。》（『朝日新聞』平成元年四月二十日夕刊・傍点西村）

大きな話題を喚《よ》んだこの記事に真っ先に反応したのは、他でもない西表島《いりおもてじま》や八重山群島のダイバーたちだった。世界最大とギネスブックも認め、環境庁が「自然環境保全地域」と「海中特別地区」に指定した巨大な珊瑚礁に、朝日に報じられたような「落書き」など日本人なら誰もしないことを分かっていたからだ。西表の海と珊瑚礁を愛するダイバーたちが朝日の

朝日新聞珊瑚事件で記事に掲載された写真。当時急速に台頭してきたテレビニュースとの競争もあり、新聞記事にも視覚的なインパクトが要求されていたとはいえ、悪質極まりない。　写真／時事

記事を捏造《ねつぞう》だと疑い出したのだ。特に地元竹富町ダイビング組合にとっては死活問題だった。珊瑚の落書きは取材者のものだという指摘は朝日の取材に同行したダイバーの意見や客観的な調査から得られたもので、結局朝日も自分たちの犯罪を認めざるを得ない状況になって行く。

　記事が出た約一カ月後の五月十六日、朝日は《おわび　本社記事に行き過ぎ》という謝罪記事を掲載して鉾《ほこ》を収めようとした。

《西表島崎山湾沖にあるアザミサンゴの周辺一帯に、いくつかの落書きがありました。この取材に当たったカメラマン二人のうち一人が、そのうちの「ＫＹ」という落書きについて、撮影効果を上げるため、うっすらと残っていた部分を水中ストロボの柄でこすり、白い石灰質をさらに露出させたものです。》（『朝日新聞』平成元年五月十六日・傍点西村）

と釈明した。

　しかし、驚いたことに、この謝罪記事も嘘だったのである。地元ダイバーや一般国民の追及と抗議を封殺できなくなった朝日は、ついに捏造記事掲載の一カ月後の五月二十日に調査結果を開示するという名目で全てを明らかにした。「Ｋ・Ｙって」、じつは、朝日新聞だったのである。珊瑚礁に落書きをして自作自演記事を書いた本田嘉郎写真部員は懲戒解雇、東京本社の伊藤邦男編集局長の更迭などを行い、五月二十七日にはついに一柳東一郎《ひとつやなぎとういちろう》社長の引責辞任を発表した。

反日捏造・偏向報道の原点

このように三十七年前の珊瑚事件を振り返ると、じつは嗤《わら》い話でなく、当時の朝日の方が現在の朝日やNHKに比べ、それでもまだ健全だったのである。というのも、その後何回となく繰り返される捏造報道、偏向報道について多くの批判を浴びせられながら、誰一人として引責辞任もせず、処分すら行われていないからだ。

珊瑚事件の記事は《百年単位で育ってきた》珊瑚を《瞬時に傷つけて恥じない、精神の貧しさの、すさんだ心の》日本人を捏造で作り上げて貶《おとし》めた。そして懲りもせず、謝罪の舌の根も乾かぬ内に、全く同じことが二年後に繰り返される。

平成三年（一九九一）八月十一日、今度はソウル支局の植村隆が《日中戦争や第二次世界大戦の際、「女子挺身隊」の名で戦場に連行され、日本軍人相手に売春行為を強いられた「朝鮮人従軍慰安婦」のうち、一人がソウル市内に生存していることがわかり、「韓国挺身隊問題対策協議会」が聞き取り作業を始めた。》と捏造記事をデッチ上げ、〈従軍慰安婦〉という捏造語の流布に努め出したのである。

その後も朝日は捏造、歪曲記事を乱造し続け、平成十七年（二〇〇五）一月には「安倍・中川ＮＨＫ政治介入疑惑報道」を社会部の本田雅和が捏造し、当時、日本の将来を担うと目されていた有力政治家、安倍晋三と中川昭一を政治的に抹殺しようとする報道テロを行ったのである。

いま、見過ごされているのは、平成元年（一九八九）の捏造報道は朝日だけではなかったということである。六月一日の毎日新聞には、グリコ・森永事件の犯人取り調べ捏造記事が載り、八月一七日には、読売新聞が夕刊一面トップで、東京・埼玉連続幼女誘拐殺人事件（宮崎勤事件）の容疑者、宮崎勤が潜伏するアジトを発見したと捏造報道を行った。反日左傾メディアの現在が、このように八〇年代最後の年に先取りされていたのである。

八〇年代の幕開けに、日本がエズラ・ヴォーゲルに「ジャパン・アズ・ナンバーワン」と誉め讃えられたのは、七〇年代の終わりから、経済的にも政治的にも、そして文化的にも、世界を領導する日本の国力の萌芽が様々な領域で見られたからだった。ところが、平成元年（一九八九）の多くの出来事は、ネガティブな面でしか九〇年代以降の平成の御世《みよ》を予見させなかった。リクルート事件に始まる政治の混乱は、総理大臣が毎年替わる現在の日本の政治の貧困を予感させ、その原因を作った自民党経世会の政治支配がそのまま小沢一郎という異形な政治家に憑依《ひょうい》して、二十年後の平成二十一年（二〇〇九）に民主党政権を生んだのだった。

何しろ平成元年（一九八九）は、メディアが煽る〈政治不信〉で竹下、宇野、海部と自民党内での〈政権交代〉が行われ、それを取り仕切っていたのは、他でもない小沢一郎その人だったのである。いったい、〈政治不信〉で〈政権交代〉が行なわれた平成二十一年（二〇〇九）と何が違うのであろうか？

少年犯罪の系譜

平成二十一年（二〇〇九）に加藤智大が秋葉原で起こした無差別大量殺傷事件の裁判が、平成二十二年（二〇一〇）の七月に始まった――平成二十七年（二〇一五）に死刑判決確定、令和四年（二〇二二）死刑執行。このような大事件も瞬時に人々の記憶から忘れ去られる、異常な文明の中に私たちがいることをもっと注意深く考えた方がいいだろう。秋葉原大量殺傷事件の萌芽は、やはり、昭和六十三年（一九八八）の名古屋アベックリンチ殺人事件、平成元年（一九八九）の足立女子高生リンチコンクリート詰め殺人事件、宮崎勤による幼女連続誘拐殺人事件、と八〇年代末期の諸事件や八〇年代中頃からのいじめ事件の連鎖の中にある。

特徴的なのは、犯人が宮崎を除いて未成年であり、少年法の壁で刑事罰に処せられずにいることである。そして、これらの少年犯罪は九〇年代から二十一世紀の今日に至るまでに、神戸少年A、長崎少年M、さらに佐世保少女Tという、犯行年齢が中学生、小学生にまで及ぶ〈少年〉による凶悪な殺人事件や、平成二十一年（二〇〇九）の高校生による会津若松の母親斬首殺人事件に繋がっていた。さらに令和になってからの様々な猟奇事件も連想される。

これは、単にモラルの崩壊などという解釈では捉えることができない事態に私たちが直面しているということなのである。一つの文明が間違いなく変質、あるいは崩壊しているのであって、もしかすると、世界的規模で起きている同種類の事例とは共通項のない、わが国特有の事象であるのかも知れない。というのも、黄金の八〇年代は極めて稀な日本特有のケースであり、日本的な所産であったからである。

それが「幻」であろうがなかろうが、八〇年代の「日本の黄金時代」を作ったのは、戦後復興の主役だった日本の技術力、システム、それに日本人の勤勉さ、緻密さだった。それらは戦前生まれの日本人が使えた明治以降の日本の遺産に他ならないものだった。すなわち、九〇年代以降の日本は、近代化以降百二十年の先人の遺産を食い潰しながら、何とかやり過ごしてきただけだった。本書で明らかにしたように、それは一面の真理であり歴史的事実である。しかし、八〇年代の黄金時代の中に、これからの日本の行く手を照らす可能性があったことも確かなのである。

はやぶさと『風の谷のナウシカ』『攻殻機動隊』『ＡＫＩＲＡ』

九〇年代以降のバブル崩壊、ＧＤＰ増加率の加速度的な縮小、という経済的停滞とは別に、科学技術や医療技術、そして一部の文化で日本は現在でも世界をリードする業績を達成し続けている。科学技術では平成二十二年（二〇一〇）に低予算でありながら、小惑星探査機はやぶさが六年ぶりに地球に帰還し地球以外から物質を持ち帰ったという、人類の宇宙開発史上画期的な偉業を成し遂げた。また、生物学や医学では、胚性幹細胞（ＥＳ細胞）の発生研究を京都大学再生医科学研究所の山中伸弥教授チームが成功し、世界をリードしている。さらに医療分野でも『サイトカインハンティング――先頭を駆け抜けた日本人研究者たち』（日本インターフェロン・サイトカイン学会編　京都大学学術出版会）で詳述されているが、免疫細胞から分泌されるタンパク質の新種が現在の日本人研究者たちによって続々と発見されているのである。

また、大衆文化に目を移せば、手塚治虫亡き後、二十四年で、日本のアニメーションや漫画が世界をリードする地位を占め、「ＣＯＯＬ　ＪＡＰＡＮ」（カッコいい日本）を象徴する存在になっている。

もっとも浅田彰が「『Ｊ回帰』の行方」（『ボイス』平成十二年三月号）という評論で批判したように、現代美術やサブカルチャーがまとう「Ｊ回帰」という意匠を《このような日本回帰の対象は、あくまでもサブカルチャーや「おたく文化」の日本なのであって、伝統の日本ではない。その意味で、それは「Ｊ回帰」と呼ぶにふさわしいだろう》と一刀両断される可能性もある。しかし、サブカルチャーもハイカルチャーも区分けが無意味になった現在、この二十四年前の批評の有効性も消失したのではないだろうか。

重要なことは、現在のアニメ文化や漫画が日本のソフトパワーとなり得ているとしたら、それらのパワーが日本の科学技術力や経済とどう関わっているのか、どう関わっていくべきなのかという解析であり、本書の主旨で言えば、そのソフトパワーが八〇年代からどう継承されて来たかの仔細な検証であろう。つまり、はやぶさとアニメの位相を確定させることが、黄金の八〇年代の実相を照射することになるのである。

昭和五十七年（一九八二）には、宮崎駿が雑誌『アニメージュ』（徳間書店）二月号から「風の谷のナウシカ」の連載を開始し、映画制作のため四度の中断期間を挟み平成六年（一九九四）三月号で完結させている。単行本の発行部数は累計一二〇〇万部。海外でも八カ国で翻訳・出版され、世界的なアニメブーム・クールジャパンの源流となった。アニメ映画『風の谷のナウシカ』は昭和五十九年（一九八四）三月十一日より東映洋画系で公開され大ヒット、世界的にも大成功を収めたのだ。象徴的なのは、『風の谷のナウシカ』の公開日が三月十一日、東日本大震災の起きた二十七年前の同日だったことである。

また、昭和五十五年（一九八〇）に『漫画アクション』（双葉社）に「気分はもう戦争」（原作・矢作俊彦）を連載して注目された大友克洋は、昭和五十七年（一九八二）から『週刊ヤングマガジン』（十二月二十日号、講談社）で「ＡＫＩＲＡ」の連載を開始して一気にメジャー作家となった。大友の背景にも物を語らせる斬新な画法が注目を浴びたが、昭和六十三年（一九八八）に自らが監督となって制作したアニメ『ＡＫＩＲＡ』は内外で高い評価を受けた。そして、大友克洋は平成十七年（二〇〇五）にはフランス政府から「芸術文化勲章シュバリエ」を授与され、世界的作家として認知されるようになったのである。

また、平成元年（一九八九）には『週刊ヤングマガジン増刊海賊版』（講談社）に士郎正宗の注目すべき漫画「攻殻機動隊」が掲載されたことが特筆される。二〇二九年、近未来の核戦争後の廃墟となった、もはや国家とは呼べない日本が舞台の近未来ＳＦである。放射線と闘いながら人間が再生、復活していくストーリーで、アンドロイド、サイボーグと人間との協調、脳とネットの通信など極めて今日的な問題が描かれていた。それはまるで、東日本大震災や福島第一原発の事故、さらにネット社会の到来を予言したかのような寓話《ぐうわ》だった。平成七年（一九九五）にアニメ化され、原作につけられた英文サブタイトル、『GHOST IN THE SHELL』がアニメの題名となり、世界中から高い評価を受け、『風の谷のナウシカ』『ＡＫＩＲＡ』とともに世界の日本アニメブームの先駆的コンテンツの一つとなったのである。

このように、ユートピアでなくディストピアとして描かれる、暗く、凄惨な近未来ＳＦ

がこの時代に作られていたことが象徴的だ。「日本の黄金時代」のさ中に、鋭敏なクリエイターたちはそれが「幻」であることを見抜いていたのである。

堤清二とセゾン文化

八〇年代の文化を語るときに避けられないのは西武百貨店のセゾン文化をどう位置付けるかである。平成二十二年（二〇一〇）十二月二十五日に、有楽町西武が閉店したが、これも八〇年代のセゾン文化が徒花《あだばな》だったという説を裏づける象徴的な出来事と解釈するのは簡単である。しかし、経営に失敗した堤清二という人物の思想を、西武百貨店、西武流通グループの経営者の理念として捉えることが一面的であるのと同じように、広告を含めたセゾン文化をマーケティング上の失敗した戦略とだけ捉えることもできないのである。

七〇年代初頭に西武百貨店に入社した水野誠一（元西武百貨店社長、退任後参議院議員を経て現在は株式会社IMA代表取締役、株式会社アンビシオン取締役会長）はこう振り返ってくれた。

「堤清二という人の独特の感性に惚れ込んで西武百貨店に入社したんです。百貨店に就職するのでなく堤清二の会社に就職したという感じでした。

驚いたのは入社したばかりの昭和四十六年（一九七一）に池袋店でルノワール展をやって大成功をしたんです。しかし、堤さんは不満だった。ルノワールが借りものだったからです。それを何で社員が分からないのかと怒っていました。百貨店というものをいかに超越し、もっと広い意味での情報であり、生活であり、文化であり、そういうものを発信していくメディアになっていくべきだということを、その頃から絶えずあの人は考えていました。

だから、そこから暮らしというのが住宅開発、地域開発まで広がるし、単にモノを売るだけでない文化情報も、多角化をやりだす。百貨店も西友も、彼の構想の中のごく一部だった。それが明確だった。

あの人は基本的に、全て自己否定から始まる。現実を否定する。今の西武百貨店はこれでいいのだろうか、と成功していても現実否定、自己否定から始まる。非常に過激にね。そう、ラディカルです。ビジネスでなくクリエイション、アートでした。だから彼の進化について行ける人間が多くはなかった。それがセゾングループの不幸だったと私は思っています。私が社長として西武百貨店をやれと言われたときはそれを意識しました。あの人の不幸はイエスマンしか周りにいなかったということです」

かなりの恐怖政治だったという話を耳にしていました、と水野に水を向けると、こう答えた。

「ただ、僕は彼らが本当に覚悟を以て本気で勉強して堤清二と議論してやろうという気がなかったからだと思います。大半の人はそうでした。

新入社員に毛が生えたころから、僕は色々なプレゼンテーションに担ぎ出されました。なんでそんな話になるのかというと、堤さんはいつも絶対君主然としていて、禅問答のようなことをするわけです。その時に禅問答の意図を汲んで、こちらも禅問答で返すと、なかなかできるなということになったんですね。

だから、堤さんがこういうことやってみろ、と言った時に、すぐ否定しないで色々調査をしてみて、堤さんに『僕も社長の仰《おっしゃ》ることに賛成ですが、こういう人たちの意見を聞いてみると、違うという意見もあるんです。僕もびっくりしたけど世の中の顧客はそういうふうに見ていない』と理詰めで話をすればちゃんと聞いてくれたんです。

最後は、どんどん広げていってしまった事業の辻褄《つじつま》を合わせてやろうという人間がいなかったんです。収拾が付かなくなったときに負債を膨らませてしまった。堤さんは権威、権力への反骨心があったからこそ、あれだけの大きな影響を業界全体に与えられたことは間違いありません」

黄金の八〇年代を謳歌《おうか》したセゾングループはこうして瓦解した。ただ、水野の言うように影響力を周囲に与えながら、例えば九〇年代の美術シーンで、現代美術展が多くの美術館で開催されるようになったのは、八〇年代の先駆的なセゾン美術館の存在があったからであることは間違いない。しかも、セゾングループが凋落し始める平成元年（一九八九）に東急百貨店は渋谷本店に隣接する東急Ｂｕｎｋａｍｕｒａをオープンさせたのだった。

ただ、堤清二がアーティストとして一流でありながら失敗した経営者であり続けられたのは、当時の日本が「幻の黄金時代」を築いていたからなのである。「幻の黄金時代」だったからこそ、堤清二は存在し得たとも言えるのである。またそれは、「幻の黄金時代」が、じつは「幻」でない一面も持っていたということである。セゾングループは蜃気楼《しんきろう》でなく紛れもなく実在だった。

堤清二は平成二十五年（二〇一三）、亡くなる前にＮＨＫのインタビューにこう答えていた。

「百貨店で考えたのは、文化をモノに託して手渡しているんだという役割です。やっぱり生活そのものの近代化というのかな」と発想の原点を説明した。かつて「下駄ばき百貨店」と悪口を言われていた西武百貨店本店は、昭和五十七年（一九八二）にはついに日本一の売り上げを達成した。

また昭和六十二年（一九八七）にリゾート法が施行されると、堤清二は西洋環境開発というセゾングループの不動産会社でリゾート開発に乗り出した。フランスの企業と提携して北海道で大規模なサホロリゾートを建設した時にこう答えている。

「成熟社会が進んでいけば、一カ月とは言わないまでも、せめて、二週間の休暇は日本人の誰でも取れる企業が出てくるはずだ。そうすれば長期滞在型のユーザーも増えてバカンス村理念も広がるはずという考えもあった」

一方、堤は作家、詩人らしい直感から漠然とした不安も口にしている。

「マーケティングが日本の欲望を、まだ満たされていない人間の欲望を発見して働きかけているならいいんですけれども、無理無理に人間の欲望を刺激してね、本来なかった欲望を仮に刺激することで、マーケットに引きずり込むというか、それは僕はちょっと怖いという感じがしています」

実際、平成元年（一九八九）、八〇年代最後の年の東京証券取引所大納会の十二月二十

九日、日経平均は三万八九一五円八七銭の最高値を記録したが、平成二年（一九九〇）の年が明けると株式相場は急落し、同年四月には二万八千円台にまで一万円も下落し、来るべきバブル崩壊にひた走ることになった。日経平均の株価で言えば、令和六年（二〇二四）七月十一日の四万二四二六円七十七銭に抜かれるまで、平成元年大納会の株価が三十五年も史上最高高値だったのである。

米国が日本に仕掛けた罠

八〇年代最後の年、平成元年（一九八九）に、目立たないが、ある重要な書籍が出版されている。油井大三郎《ゆいだいざぶろう》の『未完の占領改革――アメリカ知識人と捨てられた日本民主化構想』（東京大学出版会）である。ＧＨＱの占領政策が未完で終わったとする研究書だが、皮肉なことに著者油井大三郎の目的とは全く別に、平成元年（一九八九）から日本が再び占領体制の中で引きこもり状態を継続し、強固な戦後レジームの中で国家解体に向かうことを余儀なくされた二十年を説得力を以て予見したものになった。そういう意味で重要なのである。

同書で油井は大正十四年（一九二五）に第一回会議がホノルルで開催された太平洋問題調査会（ＩＰＲ）を軸として日米関係と大東亜戦争終結後にＩＰＲがどうＧＨＱと関わりながら日本の占領政策に関与したかを詳細に追った。ＩＰＲは今日で言えば、ＮＧＯのような民間の国際研究交流機関だった。《元来ＩＰＲは、一九二一年にハワイのＹＭＣＡ関係者が中心となって進めていた、汎太平洋ＹＭＣＡ会議の計画が発端となっていた。しかし、一九二四年には米国で排日移民法が制定され、日米間の対立が激化したり、辛亥革命後の中国で治外法権の撤廃や関税自主権の回復を求める民族主義的運動の高まりが見られるなど、太平洋地域の政治情勢が激動の様相を呈し始めたため》、財界人をはじめ学者、ジャーナリストなどが参加して、《学術・文化の交流を通じて太平洋に関係する諸国間の友好促進を目指してハワイで結成された、民間の国際研究団体であった》のである。

米国の排日移民法は第一次大戦後の典型的な人種差別政策であり、アジアに忽然と現れたアジアの一等国、日本が米国のアジア侵略の障害となったことも背景にある。辛亥革命は日本が民間レベルで支援したシナの革命で、シナが《治外法権の撤廃や関税自主権の回復を求める民族主義的運動の高まり》を見せるのは当然のことだった。しかも、これはシナの出来事でアジアの政治情勢の変化であるのに、油井は平然と米国の立場に立って《太平洋地域の政治情勢が激動の様相を呈し始めた》と言い放っている。

面白いことに、油井はＩＰＲには善良な米国のリベラルな急進派が数多く参加していたことを評価している。背後のコミンテルンの動きなど一切考慮せずに、無邪気に米国の左翼学者がＧＨＱの日本占領計画を完遂できなかったことを「未完の占領政策」と位置づけたのである。

ＩＰＲの米国や豪州の対日政策をアプリオリに正義と信じる油井大三郎は客観的にＩＰＲの歴史的・文明論的意味など捉えられるわけがなかった。面白いことに、ＧＨＱの日本占領初期に日本解体計画を推進したハーバート・ノーマンがＩＰＲで重要な役割を果たしていたことも油井は明らかにしてくれた。カナダ人でカナダ共産党党員のノーマンを油井は愛情を以て描写している。朝鮮戦争後に米国でマッカーシー上院議員による赤狩りが始まると追及はカナダまで波及し、カナダ当局の追及に耐えきれなくなったノーマンはカナダの駐エジプト大使として赴任していたカイロでホテルから投身自殺をしてしまう。そんなノーマンを、油井は《まさに、ＩＰＲの末路は悲劇的だった。》と叙述している。

ノーマンは本当に自殺をしたのか？　自殺でなければ誰がノーマンを殺したのか？　米国か、カナダか、それとも諜報工作が明かされることを恐れたソ連が口封じをしたのか？

国際政治の苛酷な現実を頭に入れれば、そのような可能性も考慮すべきなのに、油井大三郎はまるで子供のようにそれが見えていないのである。

そんな油井の思考では、指摘することは不可能だったが、本書にはフランクリン・ルーズベルト大統領の周辺にどれだけの左翼学者やソ連の工作員がいたかという近年の研究とはまた異なった地点から、米西戦争後にフィリピンを植民地にしてからの米国の太平洋覇権への明確な意思が確認できるのである。そんな米国の太平洋侵略の意図が、そのまま対日開戦、日本占領へと一本の糸で繫がっていた。

そこで、油井は本書でGHQが推進した日本の占領基本法である日本国憲法と日米安保、そして東京裁判史観が三位一体となって日本の〈戦後体制〉を構築してきたことを、自身の意思と関係なく図らずも指摘してしまったのである。

本書が出版された二十二年後の平成二十三年（二〇一一）には、真珠湾攻撃七〇周年ということで、ルーズベルト大統領を徹底批判した第三十一代フーバー大統領の回想録『Freedom Betrayed』（Hoover Institution Press Publication、邦訳は『裏切られた自由㊤㊦』〔渡辺惣樹訳　草思社〕）がジョージ・ナッシュの編纂で米国で刊行された。そして翌平成二十四年（二〇一二）に、一九四八年に米国で不買運動が起きて、日本でも事実上の発禁になっていたチャールズ・A・ビアードの幻の書『President Roosevelt and the Coming of the War, 1941』が翻訳され、『ルーズベルトの責任――日米戦争はなぜ始まったのか㊤㊦』（開米潤他訳　藤原書店）として刊行されたのである。これらの歴史書が相次いで刊行されたのは決して偶然でなく、油井のような米国左翼の文献にしか興味のないいささか古色蒼然とした、単純な研究者が、かえって貴重な資料の連関を私たちに指し示してくれるのである。

油井は「あとがき」でこう述べる。

《昨年（一九八八年）九月一九日以来、日本社会の隅々に蔓延した「自粛」ムード、そして本年一月七日（西村註・昭和天皇崩御）以降の事態は、奇しくも、本書の中心テーマである、占領期の「民主化」を通じて「日本人はどれだけ変わったのか？」という疑問が今日なお重大な問題であることを浮き彫りにした。》

《戦後改革を通じて、日本国民は「主権者」となったと言われるが、それはどれだけ精神構造や生活スタイルのレベルにまで定着しているのだろうか。また、敗戦後も「昭和」が続いたこととの反省はどれだけ深められているのだろうか……。この間の事態は、そうした重苦しい問いを私たちに投げかけずにいられない。》

この硬直したアナクロニズムは驚く限りだが、イラク戦争直前に米国のブッシュ大統領が小泉首相と会談した際に、「戦前、太平洋に民主主義国家は二つしかなかった。しかし、今は三つある。米国とオーストラリアと日本は手を携《たずさ》えていかなければならない」と、まるで日本が民主主義国家でなかったようなことを言い放った無教養さを思い出した。日本では、まさに第一回の太平洋問題調査会（ＩＰＲ）が開催された大正十四年（一九二五）に普通選挙法が施行されたが、米国は六〇年代後期まで黒人に参政権さえ与えられていなかったのである。

しかし、油井大三郎のこの本が資料として貴重なのは、八〇年代の終わりの平成元年（一九八九）に、書かれた一種の戦後日本批判が、行間にすでにその時死に絶えた〈国際共産主義〉への憧憬を隠し持つ、反日左翼主義の心情を秘めたものであり、それから二十一年後の民主党政権の誕生によって、その想いの第一段階が結実し、さらに米国の日本解体プログラムは一つの段階を終えたということが理解できるからである。

平成二十三年（二〇一一）九月二日に新聞全紙に宝島社の見開き全三十段の企業広告が掲載された。**《いい国つくろう、何度でも。》**というヘッドラインが、厚木飛行場に降り立つ連合国軍総司令部のマッカーサー元帥の姿の上にレイアウトされている。この衝撃的な広告はいかようにも解釈可能であるが、何度でも米国と戦っていい国を作ってやるぞ、という意味にとる人はほとんどいないであろう。新聞に広告が掲載された九月二日は、ちょうど六十六年前に、ミズーリ号上で重光葵《しげみつまもる》全権大使が降伏文書に調印した日なのである。

この広告が、東日本大震災後の日本復興がコンセプトになったとはいえ、日本の永久占領を示唆する広告と解釈するのが普通だろう。多少の歴史知識や常識的な感性があれば、もし敗戦直後の写真を使用するなら、それこそ広島の原爆ドームを臨む台に立ち、数万の広島市民の熱狂的な歓迎を受ける昭和天皇巡幸の写真になるはずだった。

ところが、この広告は、そのような歴史感覚や感性さえ失われた、平成日本の出口のない精神状況を象徴するビジュアル表現になってしまった。まるで、米国政府から広告出稿がなされたような、この宝島社の広告こそ、自立できない日本の戦後責任を嘲笑《あざわら》うかのような意匠をまとっている。それはまた、八〇年代を「幻の黄金時代」にしてしまった日本人の自画像にも他ならないのである。

＊

平成二十三年（二〇一一）三月十一日、私たちを東日本大震災が襲った。震災からわずか五日後の三月十六日、天皇陛下（現・上皇陛下）は異例の国民へのビデオメッセージを発せられた。あの「お言葉」は、自衛隊を真っ先に挙げたことが特筆されるが、未曽有の災害と国難に直面した国民への祈りのメッセージだった。前日の三月十五日は、後にＩＡＥＡ（国際原子力機関）の公表データや福島原発事故調査委員会が明らかにしたように、津波で電源が断たれた福島第一原発が最大の危機を迎え、最も多くの放射線が放出されていた当日だった。その翌日に「お言葉」が放送されたのはただの偶然だったのだろうか？

貞観《じょうがん》十一年（八六九）に起きた貞観大地震は三陸沖を震源地とした大地震で東北地方を激しい揺れと大津波が襲った。東日本大震災の大津波が千年に一度のものとされたいわれであるが、貞観大地震の後も清和天皇は大災害を鎮める詔《みことのり》を発せられ、被災者を弔っている。さらに清和天皇は伊勢神宮に勅使《ちょくし》を遣《つか》わして、貞観大地震をはじめ、同年六月に新羅の海賊が博多へ侵攻した事変や肥後で起きた地震も神前に報告し国家の平安を願っていた。すなわち、大震災直後の三月十六日の天皇のビデオメッセージは、平安時代の清和天皇と変わることのない〈天皇の務め〉を果たされたということなのである。

さらに重要なことは、清和天皇の貞観十一年（八六九）貞観地震の詔も、昭和二十年（一九四五）敗戦の昭和天皇の玉音放送による詔勅《しょうちょく》も同じ〈詔〉であり、東日本大震災後の天皇陛下のビデオメッセージも占領憲法である現憲法で廃止された「詔勅」と同じ意味を持つ〈詔〉なのである。これは論理的にも歴史的にも疑いの余地のないことであり、あのビデオメッセージが、まさに〈平成の玉音放送〉であることを証明してくれる。

では、なぜ玉音放送が流れたのであろうか？　それは、多くの国民が直感したように、日本人が戦後六十年以上にわたって信じてきた原理、原則が音を立てて崩れ落ちたからなのである。統治能力のない民主党政権とそれを許している政治システム、官僚機構、嘘ばかりのマスメディア。それらが福島原発の事故に対応できないばかりか、震災復興に全く役立たずの機能不全に陥ることを人々は予感していた。

東日本大震災は、東北の海沿いの都市や福島原発だけを崩壊させたのではなく、そんな戦後空間そのものを一瞬のうちに瓦礫《がれき》の山にしてしまった。すなわち、地震と津波で本当に崩壊したのは、戦後日本のシステム、つまり戦後体制（レジーム）そのものだったのである。そこで、〈平成の玉音放送〉が流れても何の不思議もない。占領憲法で廃止された詔勅によって、九条で否定された自衛隊を讃え労《ねぎら》うことで、明仁《あきひと》天皇（現・上皇陛下）は二重の意味で日本国憲法を超越してしまったのだ。

三月十五日に福島第一原発が最も高い放射線量を放出していたことを菅内閣は隠蔽《いんぺい》した

が、その翌日に詔勅としてのビデオメッセージが発せられた意味は極めて大きい。大震災からの復興と日本再生の道筋をつける時、崩壊した戦後日本が絶頂を極めた八〇年代だからこそ、そこから多くのヒントを探り出せるのである。

それには、第二章で述べたが、山崎正和が『柔らかい個人主義の誕生』でいとも簡単に放棄した内容を捉え直すことが重要だ。

国家が《大きな目的をめざして動く戦闘集団でなくなり、無数の小さな課題をかかえて、その間の微調整をはかる日常的な技術集団に変わってしまった》ら、なぜ、そんな国家観の転換を図ろうとしないのだろうか。

また《七〇年代にはいって、国民感情に訴える国家のイメージが急速に縮小したことであって、個人が国家とともに興奮し、国家的な一体感を持って生きる機会が少なくなった、という事実であろう。その理由は、日本が国際的に大きくなりすぎたということにほかならず、もはや国家としての国民の感情を揺さぶるような、劇的な動きはできなくなった》と無責任に勝手に放棄してはいけないのだ。

二〇二四年の米国大統領選に勝利し、二〇二五年に大統領に返り咲くトランプの選挙スローガンは〝Make America Great Again〟（アメリカを再び偉大な国へ）である。ならば日本も、国家目標として〝Make Japan Great Again〟（日本を再び偉大な国へ）を唱えればいいのだ。そこで対等な日米関係が視野に入れば、山崎正和のように簡単に国家観を捨てる愚を犯さなくて済むのである。

そして、八〇年代の問題点を克服できれば、今度は、本物の黄金時代を築く〈黄金の国・ジパング〉の創生が改めて日本人には可能になるのである。

終章 〈失われた三十年〉への訣別

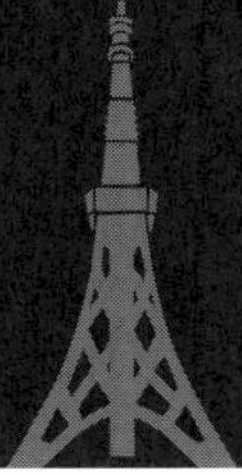

日本人一人当たりのＧＤＰが一九八〇年代末に米国を抜いたことに第七章で触れた。《八〇年代の黄金時代をひた走り、その夢の中で一人当たりのＧＤＰ（国民総生産）でも天皇崩御の二年前の昭和六十二年（一九八七）には、遂に米国を抜き去り、スイス、ルクセンブルグ、アイスランドに次ぐ世界四位にまで登りつめた日本という国家の〈常民〉の中心は、既に述べたように大東亜戦争に敗れた戦前、戦中に生まれた人たちだった。》（二八六頁）

一人当たりのＧＤＰとは、簡単に言えば国民生活の豊かさだ。また、一人当たりのＧＤＰは労働生産性に依存している。独立行政法人経済産業研究所の佐分利応貴上席研究員は同研究所Ｗｅｂの特別コラム《２０２４年日本経済を読む〜日本復活の処方箋　諦めるのをやめましょう〜「アメリカに追いつき追い越せ」セカンドシーズン》でこんな指摘をしている。

《バブル期の１９８７年、日本の１人あたりＧＤＰは２１１７８ドルと米国の２０００１ドルを超えた。ついに「アメリカに追いつき、追い越した」のである。その後も日本の国民１人あたりＧＤＰは上昇を続け、１９９５年には４４２１０ドルと米国の１・５倍になった。しかし、その後日本の国民１人あたりＧＤＰは低迷を続け、２０１２年の４９１７

5ドルをピークに直近の2023年IMF予測では33950ドルと、米国（80412ドル）の約4割まで落ち込んでいる》(https://www.rieti.go.jp/jp/columns/s24_0022.html)

つまり、こういうことだ。三十年前を振り返れば、すでに〈失われた三十年〉に突入していた平成七年（一九九五）にもかかわらず、日本は米国より労働生産性に優れ、生活の豊かさが米国の一・五倍だったということになる。そんな実感も記憶もないが、数字の上では米国の一・五倍の豊かな生活を日本が享受していた。

いや、記憶をたどると、確かに「ウインドウズ95」が出た年で、インターネットはほとんど普及しておらず、仕事で欧米へ行ってもあまり困ったことは起きなかった。

だがそこにヒントが隠されていた。「ウインドウズ95」の爆発的な普及でパーソナル・コンピュータ、PCがまず様々な業態の職場で導入され始め、また、個人ユースのPCが名実ともに商品化されて、マーケティングの俎上《そじょう》に上っていく。それが同時進行していたのだ。当時、多くの人が気づかない内にものすごい勢いで社会が変化し始めていた。いつの時代も同じで、その時代に生きる人は自分たちがどんな時代にいるか、などという疑問を誰も抱かず、何が起きているかということにも全く気づかない。

特に一九八五・プラザ合意以降のバブル景気の真っ只中を寝る間もない忙しさの中で過ごし、平成四年（一九九二）のバブル崩壊も体験した後は、自分たちがどこから来てどこへ行くのか、という歴史感覚も掴めないまま、その場しのぎで〈時代〉をやり過ごすしかなかったのだ。少なくとも私はそんな程度で生きるしかなかった。

日本の一人当たりのＧＤＰ「生活の豊かさ」が下降し、二十八年間の長期低迷に陥り始めた平成八年（一九九六）こそ、日本も世界もインターネット元年と言われた時期を迎えていた。昭和六十三年（一九八八）からＦ１グランプリの情報を収集、発信するためにパソコン通信をしていたので、インターネットにもすぐ慣れ親しみ、平成八年（一九九六）には、二〇〇二年ワールドカップ招致のためのグラスルーツメディアというコンセプトのＷｅｂメディア「２００２ＪＡＰＡＮ」の編集長になった。二〇〇二年ワールドカップ日本招致委員会と凸版印刷マルチメディア事業部の実験的なプロジェクトに参画することになったからである。

平成七年（一九九五）に欧州サッカー専門誌を出していたビクターから『２００２倶楽部』という日本代表専門誌を新たに出すことになり、企画から参加していた。それと同時に産経新聞で「二〇〇二年ワールドカップ招致に向けて」という全頁の連載企画のインタビュアーも務めていた。

一九九六年六月一日にスイス、チューリッヒのＦＩＦＡ本部で開かれるＦＩＦＡ理事会で二〇〇二年ワールドカップの開催地が決まることになっていた。日本と韓国が開催招致を巡って激しく争っていて、韓国のロビー活動の勢いに押されがちになり全く結果が解らない状態だったのだ。六年後のワールドカップの開催地決定の瞬間を「２００２ＪＡＰＡＮ」でインターネットを用いて速報するという当時では画期的な試みに挑んで成功させた。今、こう書くと笑い話にしかならないが、実際、一九九六年時点でインターネット上のサッカー情報誌などというものは一つも存在せず、自らのＷｅｂサイトでニュースを配信、速報することも世界中でどのメディアも実現していなかった。

そんな時代だからインターネットが米軍の軍事技術から生まれたもので、民生化したシステムであることも知っていた。

平成二十七年（二〇一五）に翻訳出版された『企業家としての国家――イノベーション力で官は民に劣るという神話』（マリアナ・マッツカート著　大村昭人訳　薬事日報社）という興味深い本がある。米国企業の、二十一世紀の世界をリードする様々なイノベーションは、民間企業の開発者の才能から生まれたものだけでなく、実は米政府や米軍、政府系のシンクタンクなど国家の中枢と言える機関から生み出されたものの方がそれらのイノベーションの主な要因だと解き明かしている。

インターネットの技術は、米空軍のシンクタンクでもある有名なランド研究所（RAND）の研究者ポール・バランが提唱したスキームを受けて、米国国防高等研究計画局（DARPA）の援助や米国国立科学財団の力によって生まれた、その経緯の詳細を教えてくれる。そもそもインターネットの技術は、米国政府が冷戦時代に核攻撃の脅威に備えるための情報ネットワークとして開発されたものだった。

当時のクリントン政権が提唱した「情報ハイウェイ構想」もインターネットの発展と進化に不可分のものだった。つまり、米国政府の安全保障のプラットホームとしてインターネットは米国の国力増強のためにも用意された二十世紀最後のインフラとなったのである。さらに日米構造協議の延長線上にあり、日本の半導体産業を壊滅させた「日米半導体協議」はインターネットやパソコンの飛躍的な進化と発展を視野に入れた米国による日本弱体化政策だったのは自明である。

平成元年（一九八九）から始まった日米構造協議は、日米両国にメリットがあった協議でないのは明らかで、落ち込んだ米国の製造業を延命、浮揚させるのが目的だった。貿易不均衡を理由に日本を米国製造業の市場にしやすくするために日本の商習慣を関税障壁として〈改造〉する協議だった。序章で言及した江藤淳が平成九年（一九九七）に発表した「第二の敗戦」の本質は、安全保障の問題である日米停戦ラインの移動でなく、実は日米構造協議だった。さらに日米の歴史戦も周到に米国によって仕掛けられていたことも忘れてはならない。

江藤淳がそこまで視野に入れて「第二の敗戦」に書き込むことができ、米国による日本の再占領に強い警鐘を鳴らせていれば、より広範で、深い、激しい反応が日本の知識人やジャーナリズムからあったかも知れなかった。それが今悔やまれる。

平成二十五年（二〇一三）二月十二日に衆議院予算員会が開催された。約一カ月半前の平成二十四年（二〇一二）十二月二十六日に誕生した第二次安倍政権にとって重要な初めての通常国会で、都知事を辞任して国政に復帰したばかりの石原愼太郎が質問に立った歴史的な国会審議だった。安倍晋三総理に石原愼太郎が最初に問いかけたのは、ある短歌のことだった。

かくまでも　醜き国に　なりたれば　捧げし人の　ただに惜しまる

九十歳になる戦争未亡人が詠んだこの歌を石原慎太郎は安倍晋三に問い掛けた。もちろん石原慎太郎は、安倍晋三がこの歌を十分読み解ける心と知性を持っていることを知っているからテレビ中継の入った国会審議で投げ掛けたのだ。

のちに石原は平成二十七年（二〇一五）に上梓した『歴史の十字路に立って――戦後七十年の回顧』（ＰＨＰ研究所）でこの国会審議で持ち出した歌のことを書いている。やや長いが引用する。

《「大欲は無欲に似たり」というが、国民が抱いているものは日本という祖国の再起のための大欲には程遠く、政治は「国家」不在で小金に迎合する低俗な資質しか持ち合わせていない。逆立ちしてもあり得ないような高福祉低負担の虚構の存続を国民は望み、それを補塡するためのいかなる増税にも反対を唱える。いかなる政党も選挙の度にそれに媚びへつらって従うしかない。「民意」なるものが物欲第一に向かうならば、それでは国家がもたないと説き伏せる指導者がいて然るべきだろうが、そもそも今の日本人にそうした指導者を望む意志があるのかも疑わしい。

こんな日本をもたらすために、私たちの父祖はたった一つしかない命をあの戦争に数多く捧げたものだったのではあるまいに。

ある戦争未亡人のつくった歌

平成24年10月。私が任期途中で都知事を辞し、国政復帰という挙に出た一番強い所以を改めて明かせば、それ以前に靖国神社で聞いた90歳になる戦争未亡人のつくった歌に強い共感を覚えたことにあった。

彼女は歌っていた。

『かくまでも　醜き国に　なりたれば　捧げし人の　ただに惜しまる』と。

この方は20歳前後で結婚され子供ももうけた。しかし、御主人がすぐ戦死し、その子供も恐らく父親の顔を見ていはしまい。戦後は亡夫の両親の面倒を見、やがては子供も結婚し孫も出来、曾孫も出来たかも知れない。その人が90を超えた今この日本を眺めてこの歌をつくられた。私の家内の父親も、家内が母親のお腹にいる間に戦死している。家内の母親は早世してしまったが、もし今も生きていたならきっと同じ感慨を抱いたに違いないと思う。

　こうした日本の醜い姿を外国が眺めて軽蔑し、強い侮りとなって日本に対し理不尽な言動を仕掛けることを我々はもはや何とも思わなくなってしまっている。かつては領土を不法に奪われ、今また領土を侵犯されようとしてい、近い過去には多くの同胞が拉致されてある者は殺されある者は還ることも出来ずに行方も知れずに放置され、それらの相手国はいずれも核兵器を保有し我々への恫喝を続けている。こうした情けない祖国の実態を眺め、この戦争未亡人があの戦のために死んだ御主人を、自分の青春を想起しながらただに惜しむという心情を吐露されたのは、私には、むべなるかなという気がしてならない。》

　このエピソードの哀しさは限りなく深い。〈失われた三十年〉の定義をしたり、その三十年と訣別して、誰もが明るい夢を見て社会の隅々まで活気と希望が漲《みなぎ》っていた、そんな〈一九八〇年代〉を甦らせ、日本の再生をしようという野心や意欲も、三十年の損失の補塡だけではとても済まないのではないかと思うに至る。

　その戦争未亡人の歌は寺山修司の有名な歌にも繋がる。

マッチ擦るつかのま海に霧ふかし身捨つるほどの祖国はありや

寺山修司の昭和三十二年（一九五七）一月に出版された作品集『われに五月を』（作品社）所収の「祖国喪失」の歌である。しかし、ここで気づくのは、先の戦争未亡人の歌も寺山修司の歌も、戦争に負けた後の哀しみと歌を詠んだ時の時代精神を表したものだが、そんな日本人の感性と情感が、実は二十一世紀の今になって世界中で評価されている日本のサブカルチャーも含めた日本文化の強力なソフトパワーの源泉になっていないかということである……。

そう考えれば、八〇年代の音楽がシティポップとして世界中を席捲する現象や、令和の『鬼滅の刃』を始めとする、過去の『ドラゴンボール』や『スラムダンク』など九〇年代の漫画とそれをベースにしたアニメが、大きなソフトパワーとして日本的価値を保証していることにも留意すべきだ。

そしてソフトパワーに加えて、ハードパワーとしての日本の軍事力、工業生産力、製品力が整えば、〈一九八〇年代〉を凌駕する新しい日本の黄金時代の創生が可能になるのではないかと思う。その手掛かりは、私たち日本人が、歴史と時間の正統性＝オーセンティックと連続性を、来年迎える戦後八十年を通して、戦前と戦後の同一性を認識することで得ることができるのではないかと考えている。

令和七年（二〇二五）は〈戦後八十年〉に当たるが、それよりも〈昭和百年〉であるという認識が重要だ。繰り返すが、普通どこの国でも戦争終結後五年か十年で戦後は終わる。もし戦後が終わらないとしたら、あるいは終わっていないという人々の意識が一般的であるなら、いまだに敗戦直後の状況と変わっておらず、昭和二十七年（一九五二）四月二十八日に米軍占領から解かれ、日本が主権恢復した独立国家になっていないということになる。実際、日本国が半独立国の保護領として、あるいは自治区のような状況で存在しているのならば、一秒でも早く日本人は米国が占領下に書いた日本国憲法なるものを破棄するか、改正しなければならない。特に日米安全保障条約とセットになっている九条、とりわけ九条二項を改正しなければならない。

そもそも〈戦後八十年〉という概念が異常である。昭和十五年（一九四〇）に予定されていた東京オリンピックはシナ事変の激化に伴い中止になった。だがその一九四〇東京オリンピックを未曽有の敗戦と戦禍をはさみに継承し、二十四年後に復活させたのが昭和三十九年（一九六四）東京オリンピックだった。それを成し遂げたのは、本書の主人公である戦後復興を果たし、一九八〇年代を駆け抜けた大正時代から昭和ひと桁生まれの戦前に生まれた私たちの父祖だった。

一九六四東京オリンピック開会式に間に合わすため、九日前の昭和三十九年（一九六四）十月一日に開業した東海道新幹線も、戦前にすでに工事が着工していた新丹那トンネルを利用した。その新丹那トンネルは、満洲鉄道に繫ぎ、更にシベリア鉄道から欧州までのユーラシア大陸を横断する鉄路を走る、わが国の弾丸列車構想に基づいて工事が進められていた。

そういう意味でも、令和七年（二〇二五）は戦後八十年でなく、紛れもなく昭和百年なのである。今の日本人のソフトパワーも、江戸時代以前から受け継がれてきた私たち日本人の精神性があって初めて生得できたものだ。日本人の歴史から、私たちは今の日本の世界史的立場を認識し、それを発信し続けることで世界と関わり合いながら貢献していくことが可能になる。

たとえば二〇二四年のパリ五輪の日本人選手の活躍や、最近のサッカー日本代表チームを見れば、〈失われた三十年〉とは別に〈獲得した三十年〉があったことも理解できるだろう。今こそ私たちは〈失われた三十年〉と訣別しなければならない。

エピローグ

YouTubeにショートというジャンルがある。後発の投稿サイトであるインスタグラムや、短い動画の投稿サイトで世界的に圧倒的な人気を誇るティクトク（TikTok）がYouTubeの牙城を脅かした時に、ショートはそれら後発投稿サイトを真似て生まれた。そのYouTubeショートに松原みきの「真夜中のドア〜Stay With Me」をＢＧＭとして使って、八〇年代の東京の街のイメージやファッション、そしてアニメを映像で繋ぐ動画（https://www.youtube.com/shorts/wYIhxGvlWMY）がある。

映像と音楽を用いた、いわば本書のプロモーションビデオのようなものに偶然なっているのだが、そのショート動画のコメント欄が興味深い。外国人のコメントも多く、例えばこんな具合だ。

《How is it possible to be so nostalgic for a place I've never been to and a time I wasn't born into?（行ったこともない場所、生まれたこともない時代を懐かしむことが、どうして可能なのだろう?・）》

このコメントに多くの返信が寄せられていた。いくつかを日本語に訳す。
《アネモイアという言葉がある。母から八〇年代から九〇年代の話を聞くたびに、私も同じような気持ちになる。》
《あなたの永遠の魂が一番よく知っているのだから。本当の自由を手に入れた最後の数十年間だった。》
《あなたの前世は日本人だったんだよ。》
《集合的潜在意識だ。私たちは人類のあらゆる時代を生きてきた。それは人間の遺伝子の中にあるものだ。ある民族はより近いし、ある民族はより遠い。》
《九〇年代から八〇年代にかけての雰囲気が、大きく異なる二つの場所で似ていたのはクレイジーだ。》
「真夜中のドア」が九〇年代の作品と勘違いしたオランダ人のこんなコメントもあった。
《九〇年代は多くの国にとって全盛期であり、ピークであったようだ。オランダもそうだ。タイムスリップして、永遠に九〇年代にいられたらいいのだが。》
《八〇年代、九〇年代の日本はとても魅力的だった。今も日本は魅力的だ。でも、八〇年

代、九〇年代は……とくに魅力的で、当時はクリエイティビティに溢れていた。音楽もすごい……》

本書でも触れたように松原みきの「真夜中のドア～Stay With Me」は、令和二年（二〇二〇）の初めてYouTubeに投稿された動画が現時点で一億四千万回以上も再生されている。同じ音源の松原みきの他の動画も十種類以上あって、さらに百万回単位の再生になった世界各国のアマ、プロ問わずの歌い手のカバーバージョンも少なくない。世界中でそれだけの拡がりを以て「真夜中のドア～Stay With Me」が受け入れられているのは、正直、あり得ない。驚異的なことである。

十年ひと昔という言い方なら、〝四つ昔〟前の、二十世紀、八〇年代の様々なソフトがあの時代の出来事に今の時代に息づくパワーを与えてくれるかのようだ。その結果、平成の九〇年代からの〈失われた三十年〉の正体が、より鮮明に見えてきたような気がする。

米国の歴史家、フレデリック・ルイス・アレンが『オンリー・イエスタデイ』（つい昨日のこと）（藤久ミネ訳　研究社）で米国の〈黄金時代〉ゴールデン・エイジと呼ばれた二〇年代を書いた名著を出したのは一九三一年だった。アレンはひと昔前のことを書いたのだが、私たち日本人にとって、九〇年代から〈失われた三十年〉が中身のない、空虚な停滞と減衰でしかなかったのであれば、八〇年代は〝つい昨日のこと〟と言っても差し支えない。

二〇二四年十一月五日の米国大統領選挙で、第四十五代大統領だったトランプが圧勝し、二〇二五年一月二十日の就任式で大統領に返り咲く。そのトランプは当選後の演説で「これからアメリカは黄金時代を迎えることになる」と言った。トランプの大統領選挙のスローガンはこの八年間ずっと〝Make America Great Again〟（アメリカを再び偉大な国へ）だった。

本書で述べた〈失われた三十年〉の原因である複雑で微妙な日米関係を考えれば、トランプの盟友であり、自らが考えた外交戦略〈開かれたインド太平洋〉でトランプや欧州、アジアを領導していた安倍晋三総理の不在があるものの、日本もトランプに呼応して〝Make Japan Great Again〟（日本を再び偉大な国へ）というスローガンを唱えなければ、敗戦後八十年を迎える令和七年（二〇二五）には、これまで日本を安全保障面で庇護してきた米国が、方向転換して日本を見捨てる挙に出る可能性もあるだろう。

本書の執筆は、文芸評論家で雑誌『表現者』の代表編集委員だった富岡幸一郎氏との出会いがあって初めて可能だった。『表現者』に自由気ままに書きたいことだけを連載する。そんな天祐に恵まれたことを感謝する。『表現者』顧問だった西部《にしべ》邁《すすむ》氏には感謝の言葉もない。本書は『表現者』(隔月刊)に平成十九年(二〇〇七)一月一日発行号(10号・十二月十六日発売)から平成二十二年(二〇一〇)九月一日発行号(32号・八月十六日発売)まで二十回連載された「幻の黄金時代」を書籍化した『幻の黄金時代』(祥伝社)に加筆・改訂をした完全増補版である。完全増補版の出版にご尽力下さった育鵬社の田中亨氏には心より感謝の言葉を申し上げる。田中氏の忍耐強いサポートがなければ本書を世に問えることはなかった。最後に改めて謝意を申し述べたい。

令和六年(二〇二四)十二月吉日

西村幸祐

「幻の黄金時代」年表

国内のできごと

・三菱銀行猟銃人質事件（1・26）
・東京サミット（6・28〜29）
・東名、日本坂トンネル事故（7・11）
・パンダ・ランラン死ぬ（9・4）
・総選挙で、一般消費税導入を争点として自民党後退（10・7）
・自民党抗争で大平内閣難産（11・6）
・文藝春秋『ナンバー』創刊
・伊勢丹の広告キャンペーン「ああ、スポーツの空気だ。」
・KDD密輸・乱脈事件
・村上春樹『風の歌を聴け』で「群像」新人賞受賞
・千葉県神野寺のトラ騒動
・日本鉄道建設公団など官庁、公団、自治体の不正問題続発

・日銀が第4次公定歩合引き上げ（1％）を実施し、年7・25％に（2・19）
・日銀が第5次公定歩合引き上げ（1・75％）実施、年率9・0％となる。合わせて、政府は7項目からなる第3次総合物価対策を決定（3・19）
・電気料金は平均50・8％、都市ガスは3社平均で45％程度の値上げ（4・1）
・年初来下降傾向にあった円相場は、昭和52年10月以来1ドル＝260円割れ（4・7）、以降産油国からのオイルマネー流入などで円高基調へ
・米国、ソ連のアフガン侵入に抗議してモスクワ五輪をボイコット。日本も不参加決定（5・25）
・中国の華国鋒首相来日（中国最高指導者として史上初）（5・27〜6・1）

1979・昭和54年

海外のできごと

・米中が外交関係を樹立（1・1）
・イランのパーレビ国王出国（1・16）、ホメイニ派が制圧（2・11）
・中越戦争本格化（2・17）
・エジプト・イスラエル平和条約調印（3・26）
・英国総選挙でサッチャー女史先進国初の女性首相に（5・4）
・中国全人代開き、「4つの近代化」法案採択（7・1）
・世界保健機関（WHO）は天然痘が根絶と発表（10・26）
・韓国朴大統領暗殺される（10・26）
・イランで米大使館占拠事件発生（11・4）
・アフガニスタンでクーデター発生（12・27）、ソ連軍がアフガニスタンに侵攻

・米国の金利上昇衰えず、公定歩合を年率13％に引き上げ（2・15）、二重公定歩合制で総合インフレ対策（3・15）
・米国自動車各社の業績は悪化し、日米自動車戦争エスカレート。貿易摩擦は欧州へも飛火

1980・昭和55年

・大平首相急死（6・12）。初の衆参両院同時選挙（6・22）で、自民党圧勝
・トヨタはフォード社と提携し、米国での小型乗用車共同生産に合意と発表（7・9）
・ジェトロは「昭和54年の日本の農林水産物輸入世界一となる」と発表（8・9）
・日銀が公定歩合を0・75％に引き下げ、年率8・25％となる（8・19）
・政府が公共事業を前年比30％程度増とするなど総合経済対策を決定（9・4）
・日銀が公定歩合を1％引き下げ、年率7・25％となる（11・6）
・「アベック行方不明に外国諜報機関関与」産経新聞が報道
・ダイエーは昭和54年度（54・3～55・2）の販売額が1兆円を超え、小売業として初めて年商1兆円を実現した
・日本経済の強さや日本的経営の卓越性が世界中で注目され、欧米から途上国まで「日本に学べ」風潮強まる
・田中康夫『なんとなく、クリスタル』で「文藝賞」受賞
・昭和55年の日本の自動車と鉄鋼生産が、米国を抜き世界一となる
・本田技研ヨーロッパF2選手権に参戦
・山口百恵引退、松田聖子デビュー

1981・昭和56年

・覚醒剤通り魔殺人（6・17）
・台湾・遠東航空機墜落。作家向田邦子死亡（8・23）
・三和銀行詐欺事件（9・11）
・北炭夕張炭鉱ガス突出事故（10・16）
・榎本前夫人証言（ロッキード事件）（10・28）
・小佐野に実刑判決（ロッキード事件）（11・5）
・灰色高官復権（二階堂幹事長）（11・30）
・芸大楽器購入汚職事件（12・8）

・「多発報復」戦略を掲げ、レーガン政権発足（1・20）
・イラン、人質の米大使館員解放（1・21）
・中国、四人組裁判に判決（1・25）
・政治指導者等へのテロ相次ぐ——アメリカのレーガン大統領狙撃（3・30）、ローマ教皇ヨハネ・パウロ二世狙撃（5・13）、バングラデシュのラーマン大統領暗殺（5・30）、エジプトのサダト大統領暗殺（10・6）など
・スペースシャトル打ち上げ成功（4・21）
・仏に中道左派政権成立（5・10）、社会党のミッテランが大統領に

・イラン大統領亡命(7・29)
・英国皇太子結婚(7・29)
・ポーランドに戒厳令敷かれる(12・13)
・欧州各地に反核デモ広がる

1982・昭和57年

・ホテルニュージャパン火災惨事(2・8)
・日航機羽田沖墜落事故(2・9)
・日米貿易摩擦で市場開放策(5・28)
・IBM産業スパイ事件(6・22)
・東北新幹線(6・23)、上越新幹線(11・15)開業
・長崎で集中豪雨禍、死者295人(7・23)
・教科書検定、新聞各紙の誤報で内外で問題化(7月)
・臨時行政調査会が行政改革で基本方針をまとめる(7・30)
・三越ニセ秘宝展(8・29)で岡田社長解任(9・22)
・鈴木首相退陣(10・12)、中曽根政権誕生(11・27)
・宮澤官房長官発言で、教科書近隣諸侯条項設置

・フォークランド紛争勃発(4・2)、英国の勝利で73日ぶりに停戦(6・14)
・アメリカ各地で反核集会「グラウンド・ゼロ週間」始まる(4・18)
・アメリカの失業者1000万人を超す(4月)
・レバノン戦争発生(6・6)、PLOベルイート撤退(8・21)
・ベイルート難民大量虐殺(9・16)
・西ドイツに保守・中道連立政権成立(10・1)
・中ソ再接近、外務次官会談北京で始まる(10・5)
・ブレジネフ書記長急死(11・10)、アンドロポフ新政権発足(11・12)
・国連総会、1983年から1992年を「障害者の10年」と宣言(12・3)
・ポーランド戒厳令停止(12・12)

・中曽根首相訪米(1・17)。日米首脳会談で同盟関係を再確認(~1・21)
・中曽根首相は就任後初の施政方針演説を行い日米関係強化、防衛計画大綱の速やかな達成、行財政改革の推進などを強調(1・24)
・日本初の実用静止通信衛星「さくら2号a」打ち上げ成功(2・4)
・第2次臨時行政調査会「行政改革に関する第5次答申(最終答申)」をまとめ、首相に提出(3・14)。7月1日、臨時行政改革推進審議会発足
・東京ディズニーランドが開園(4・15)。入場者数、年末までで800万人突破

・西ドイツ、イギリスの総選挙(3・6、6・9)でともに保守が圧勝
・OPECが原油価格を1バレル=34ドルから29ドルとし、生産上限も1750万バレル/日へ引き下げ。値下げはOPEC結成後初めて(3・15)
・第9回主要先進国首脳会議(サミット)がアメリカのウィリアムズバーグで開催(5・28~30)

1983・昭和58年

・初めて比例代表制を導入した第13回参院通常選挙が行われ、自民党が安定多数を確保(6・26)
・経済企画庁は、「昭和55年春から3年間続いた戦後最長の不況が終わり、景気は回復局面に入った」と景気底離れ宣言を出した(7・27)
・政府は昭和58年度からの新経済計画「１９８０年代経済社会の展望と指針」を策定(8・12)
・金融機関の第2土曜休日がスタート(8・13)
・ロッキード裁判丸紅ルート公判で，田中角栄元首相に懲役4年の実刑判決(10・12)
・日本銀行は、公定歩合を0・5%引き下げ、年5・0%に(10・21)
・コール西独首相来日を皮切りにレーガン米大統領、トルドー加首相、胡耀邦中国共産党総書記と、各国首脳相次ぎ来日(10・31〜11・30)
・所得税特例法など減税法案が参院本会議で可決成立(11・17)
・第37回衆院総選挙で自民党大敗。投票率は戦後最低の67・94%(11・18)。
・新自由クラブとの連立政権による第2次中曽根内閣発足(12・27)
・東京証券取引所の第1部ダウ平均株価は９８９３円を記録(12・28)
・本田技研Ｆ１世界選手権に参戦

・アメリカで初の女性宇宙飛行士を乗せ「チャレンジャー」打ち上げ(6・18)
・フィリピンの野党指導者アキノ元上院議員暗殺(8・21)
・樺太上空でソ連軍機による大韓航空機撃墜事件(9・1)
・ポーランドの自主労組「連帯」のワレサ委員長、ノーベル平和賞受賞(10・5)
・ビルマ・ラングーンで北朝鮮による爆弾テロ事件。韓国閣僚死亡(10・9)
・混迷深まる中東情勢。レバノン紛争、パレスチナ解放機構の内紛、ベイルート爆弾テロ、イラン・イラク戦争など
・アメリカ・ソ連の核軍縮交渉(ＩＮＦ、ＳＴＡＲＴ)暗礁に乗り上げ中断
・後天性免疫不全症候群(ＡＩＤＳ)アメリカ、ヨーロッパで流行

・通商産業省、国土庁など4省庁は長岡、熊本など9地域をテクノポリス地域として指定(3・23)。さらに9月までに函館など全国で計14カ所のテクノポリスが決定
・大蔵省は今後の金融政策の基本指針をまとめた「金融自由化の展望」を発表。預金金利の自由化や資本市場の拡充を進める方針(4・13)
・国鉄運賃値上げ、初めて地域別運賃制を導入(4・20)
・経済対策閣僚会議は、１１８品目の関税率撤廃または引き下げなどの包括的「対外経済対策」を決定(4・27)

・スペースシャトル「チャレンジャー」の飛行士が命綱なしの宇宙遊泳に成功(2・7)
・アンドロポフ・ソ連書記長死亡(2・9)、後任にチェルネンコが選任(2・13)
・南北体育会談(4〜5)、南北経済会談(11・5)など、南北朝鮮対話再開される
・第23回オリンピック大会がアメリカ・ロサンゼルスで開催(7・28〜8・12)。ソ連・東欧圏のボイコットにもかかわらず、史上最高の１４０カ国が参加。また五輪史上初め

1984・昭和59年

・東京・有楽町の日劇、朝日新聞社跡地にマリオンが建設され、映画館5館、朝日ホールとともに、西武と阪急がオープン（10・6）
・労働省が昭和59年版「婦人労働白書」を発表。主婦3042万人のうち働く主婦が50・3％と、初めて働く主婦が半数を超す（10・20）
・二階堂擁立の動きなどに揺さぶられながら、第2次中曽根内閣発足（11・1）
・新しい日本銀行券3種類（1万円、5000円、1000円）が発行される（11・1）
・「グリコ・森永事件」の影響、菓子業界全体に広がる
・景気上昇下で、この年の倒産件数2万件を超し、負債総額も3兆円台に乗る。大沢商会、リッカー、ヤタガイクレジットなどの大型倒産も相次ぐ
・東京証券取引所第1部のダウ平均株価は1月9日に1万円の大台に乗せ、年末には1万1500円台まで上昇、株高が続く

ての民間運営方式で行われ多額の黒字も生みだした
・IMFは世界景気回復宣言を発表（9・12）
・ガンジー・インド首相暗殺（10・31）
・米大統領選挙、レーガン現大統領が再選。第2期レーガン政権発足（11・6）
・インド・ボパール市の殺虫剤工場で毒ガス漏れ事故。死者2500人以上（12・2）
・中英両国が香港返還の合意文書に調印（12・19）。1997年に返還
・5年目のイラン・イラク戦争、タンカー攻撃などでペルシャ湾に緊張が続く
・アフリカの干ばつと飢餓深刻化

1985・昭和60年

・創政会発足（2・7）、田中元首相脳梗塞で倒れる（2・27）
・日本電信電話（NTT）、日本たばこ産業が発足（4・1）
・日航ジャンボ機、群馬県御巣鷹の尾根に墜落。520人死亡、4人が奇蹟的生還（8・12）
・中曽根総理、終戦記念日に靖國公式参拝（8・15）
・ロス疑惑の三浦和義逮捕（9・11）
・阪神タイガース、初の日本一に。全国で虎フィーバーが吹き荒れる（11・2）
・首都圏と関西で国鉄通信ケーブルを狙った〝国鉄同時多発ゲリラ〟発生（11・29）
・「科学万博――つくば'85」が開催され2033万人が来場（3・17〜9・16）
・豊田商事事件、日本相互リース事件など悪徳マネー犯罪相次ぐ
・有毒ワイン騒ぎ深刻化、自販機農薬ドリンク事件で被害者続出
・いじめ問題が深刻化
・イラン・イラク戦争でイランに取り残された日本人をトルコ民間航空機が

・ソ連チェルネンコ書記長死去、ゴルバチョフ新書記長を選出（3・11）
・メキシコで大地震が発生、死者は8000人にも及ぶ（9・19）
・プラザ合意。ニューヨークで緊急5カ国蔵相会議（G5）ドル高修正で合意（9・22）
・パレスチナゲリラによるイタリア客船乗っ取り事件（10・7）
・コロンビアのネバドデルルイス火山が大噴火。アルメロが土砂に埋まる（11・13）
・米ソ首脳会談、6年半ぶりにジュネーブで開かれる（11・19〜21）
・南アフリカのアパルトヘイト政策に対する暴動激化
・継続するアフリカの飢餓と食糧問題

救出
・ホンダF1　新エンジンRA165Eが威力を発揮
・職場での男女差別の解消を目指す男女雇用機会均等法が施行（4・1）
・6年ぶりの衆参同日選挙で自民党（追加公認を含む）が衆院304、参院142議席を獲得して圧勝。社会党は左右統一後最低の議席となる（7・6〜7）
・新自由クラブ10年目で解党（8・15）
・東京証券市場1部の平均株価終値が1万8936・24円となり（8・20）、21日の出来高も約23億1200万株でともに過去最高の記録となる
・日本初の女性党首・社会党土井たか子委員長誕生（9・6）
・自民党は、中曽根首相の総裁としての任期切れを控え、党則を改正し任期を1年延長し昭和62年10月30日までとすることで正式決定（9・11）
・世界経済の不安定要因とされる異常なドル高の修正のために、日銀は公定歩合を、1月30日（年5・0％→4・5％）、3月10日（4・5％→4・0％）、4月21日（4・0％→3・5％）、11月1日（3・5％→3・0％）と4回にわたって引き下げた
・東京都中野区の中学生がいじめにより山形で自殺
・中曽根総理が中国の圧力で靖國参拝中止
・為替相場もドル高修正が進み、1985年9月のニューヨークG5以降急速な円高となり、8月20日には1ドル＝152・55円と戦後最高値をつけ11カ月で90円の円高に
・政府は、急激な円高が進むなか、総合経済対策を三度にわたって打ち出した――4月8日に公共事業の施行促進、円高・原油値下がりの差益還元などを発表。5月30日には中小企業救済策、雇用対策などを、さらに9月19日には公共投資の拡大、民間活力活用のための規制緩和などを打ち出した
・ウイリアムズ・ホンダがF1でコンストラクターズ・チャンピオン獲得
・エイズ、世界的に広がるとともに、女性や子供にも広がる
・イベリア航空機、インド航空機などの航空機事故による死亡者、史上最悪

1986・昭和61年

・スペースシャトル「チャレンジャー」発射直後に爆発。乗組員全員死亡（1・28）
・フィリピンのマルコス政権が崩壊。アキノ政権が誕生（2・25）
・アメリカの1985年の経常収支赤字が史上最高の1176億ドルとなり、71年ぶりに債務超過国へ転落する（アメリカ商務省発表）（3・18）
・ソ連チェルノブイリ原子力発電所で爆発事故（4・26）。大量の放射能が放出
・1985年12月のOPEC総会で、石油の生産水準維持優先の方針決定などにより、価格カルテルの崩壊が進み、原油価格が急落。7月には1バレル＝7〜8ドルに
・カメルーンのニオス湖から有毒ガスが噴き出し、周辺住民1700人が死亡（8・21）
・アイスランドのレイキャビクで米ソ首脳会談開催。会議は決裂（10・11〜12）
・アメリカ中間選挙で与党・共和党が敗北（11・4）
・北朝鮮の金日成主席の死亡説かけめぐる（11・17〜18）
・ストックホルム、西ベルリン、パリ、インドなど世界各地でテロが横行
・OPECの価格カルテルが崩壊、石油価格が暴落
・エイズ、世界各地に広がる

1987・昭和62年

・日本電信電話（NTT）株が上場（2・9）
・日銀は公定歩合を引下げ（3・0%→2・5%）、史上最低に（2・23）
・国鉄分割・民営化（4・1）
・日本電信電話会社（NTT）株が新規上場。財テクブームにのり1株160万円の初値がつくフィーバー（2・10）
・誘拐された三井物産マニラ支店の若王子支店長無事生還（3・31）
・国鉄を11の新会社に分割・民営化した新生JRがスタート（4・1）
・売上税関連法案が廃案となる（5・12）
・東芝機械がココム（対共産圏輸出統制委員会）規則に違反したとして、警視庁が捜索（4・30）。親会社・東芝の社長と会長の辞任にまで発展（7・1）
・基準地地価が東京都内で1年間に85%強の高騰となり、坪1億円以上の評価地が、銀座、新宿で登場（国土庁発表、7・1）
・石原裕次郎、肝細胞ガンのため死去（7・17）
・天皇陛下が腸の手術（10・7）
・利根川進教授がノーベル医学・生理学賞を受賞（10・12）
・株価が世界的に大暴落（10・19〜20）
・中曽根総裁の裁定による、竹下新政権が発足（11・6）
・日本航空が特殊法人から純民間会社へ移行（11・18）
・日本最大の労働ナショナルセンター「全日本民間労働組合連合会（全民労連、略称「連合」）結成（11・20）
・南アフリカ航空機墜落、邦人47人絶望（11・28）
・東京の円相場は昭和62年の最終日12月31日に一時121円台をつけ、終値122円の最高値を記録。昭和60年3月からの急上昇が続いた
・エイズ（後天性免疫不全症候群）感染深刻に
・村上春樹『ノルウェイの森』がベストセラーに

・1986年末のアメリカの対外債務残高が、1985年末より2・4倍の2636億ドルにのぼり、アメリカは世界最大の債務国に転落（アメリカ商務省発表）
・ベルギー沖で英フェリー「ヘラルド・オブ・フリーエンタープライズ」沈没（3・6）
・アメリカ政府は、日米半導体協定を日本が順守していないことを理由に、通商法301条（不公正貿易慣行に対する対抗処置）に基づいて、戦後初めての本格的な対日経済措置を取る（4・17）
・西ドイツ青年のセスナ機がモスクワの赤の広場に着陸（5・28）
・イラン・イラク戦争でペルシャ湾情勢緊迫。米艦がタンカー護衛（7月〜）
・中米紛争で「グアテマラ和平合意」（8・7）
・ニューヨーク株式市場で、ダウ平均株価が1929年の大恐慌時を上回る22・6%もの大暴落（10・19）。世界連鎖暴落現象を引き起こした
・大韓航空機、北朝鮮による爆破テロでビルマ沖で墜落（11・29）
・米ソ首脳会談で中距離核廃棄（INF）条約に調印（12・8）
・韓国では16年ぶりの大統領直接選挙実施。第13代6人目の大統領に与党の盧泰愚候補が当選（12・16）
・主要7カ国蔵相・中央銀行総裁会議は、各国で「これ以上のドルの下落は好ましくない」との共同声明を発表、ドル下落防止を確認した（12・23）
・米ドル暴落で世界の金融市場混乱

・F1世界選手権日本グランプリ、鈴鹿サーキットで開催

・ソ連のペレストロイカ（改革）本格化
・米イラン・コントラ秘密工作事件で米議会が調査
・エイズ禍拡大

1988・昭和63年

・1月1日現在の地価公示によると、東京圏住宅地の前年上昇率が68・6％で地価公示史上最高を記録（国土庁調べ）
・世界最長の青函トンネル（58・85㎞）が開業（3・13）
・東京ドームが完成（3・18）
・少額貯蓄非課税制度（マル優）が65歳以上の高齢者など一部の人を除き原則廃止。預金利子に一律20％が課税（4・1）
・世界最長の道路・鉄道併用橋の瀬戸大橋が開通（4・10）
・牛肉・オレンジの輸入自由化をめぐる日米交渉は、日本が1996年から自由化することで妥結（6・20）
・海上自衛隊の潜水艦「なだしお」が無謀な漁船に衝突、死者30人。朝日、NHKなどの偏向報道で自衛隊に罪が着せられる（7・23）
・ソウル・オリンピック開催、日本は不振（9・17〜10・2）
・天皇陛下が吐血され容体が急変（9・19）。国事行為を皇太子に全面委任。一般記帳を開始（9・22）
・藤ノ木古墳で考古学的に重大な発見（10・8）
・竹下首相は、新行革審に対し「ふるさと創生」を進めるため、国と地方の関係を機能分担や財政負担などの面から見直すよう諮問した（12・21）
・「消費税」の導入を軸とする税制改革関連6法案が成立（12・24）
・円は年初に瞬間値で1ドル＝120・45円の最高値をつけ、平均株価も12月には3万円の大台を突破するなど、日本経済の絶好調ぶりが際立った
・村上春樹『ノルウェイの森』が前年に続きベストセラーに
・北海道の石岡家にヨーロッパで行方不明の石岡亨さんから北朝鮮にいるというノートの切れ端がポーランドから届く

・アフガニスタン問題で和平合意調印とソ連軍の撤退開始（5・15）
・米ソ首脳会談と中距離核廃棄条約の発効（6・1）
・ペルシャ湾で米艦がイラン旅客機撃墜（7・3）
・イラン・イラク戦争8年ぶり休戦（8・20）
・第24回オリンピック大会が韓国・ソウルで開催される（9・17〜10・2）。12年ぶりに東西各国がそろい、過去最高の160カ国・地域が参加
・チリでピノチェト大統領の続投に不信任（10・1）
・アメリカ大統領選挙で共和党のブッシュ候補が民主党のデュカキス候補を破って当選、第41代大統領に。上下両院選挙では民主党勝利（11・8）
・PLOが国家樹立宣言（11・15）
・搭乗機爆発でハク・パキスタン大統領死亡、ブット女史首相就任（12・1）
・ゴルバチョフ書記長の支配体制強化と改革キャンペーン
・ソ連で民族抗争

・梶山官房長官がアベック行方不明事件は北朝鮮による拉致が濃厚と国会で答弁
・株疑惑続発。JR川崎駅前進出のリクルートコスモスが川崎市助役に未公開株を譲渡し巨額を稼がせたことが明るみに出たのがきっかけとなり、政治家、官僚、財界人、マスコミ関係者にまで汚染が広がっていることが判明。そのほか「明電工事件」「新日本製鉄と三協精機製作所の提携に絡むインサイダー取引事件」など相次いだ
・地方博が大ブーム
・天皇陛下の容体悪化、緊迫した事態が続く
・リクルート疑惑、政財界に吹き荒れる

1988・昭和63年

平成元年

・昭和天皇崩御（1・7）。平成に改元（1・8）
・銀行、郵便局など金融機関の週休2日制スタート（2・4）
・消費税実施（4・1）
・美空ひばり死去（6・24）
・参議院選挙で自民党大敗北。参院での単独支配が崩れる。マドンナ旋風にのり22人の女性候補が当選（7・23）
・首相の交代相次ぐ――リクルート疑惑と政局混迷の責任をとり竹下首相退陣（6・2）。後継の宇野首相も参院選敗退で短命の69日政権で終わる（8・9）。初の昭和生まれの海部首相が誕生（8・10）
・幼女誘拐殺人犯を逮捕（8・10）
・日米構造協議始まる（9・4）
・礼宮親王、川嶋紀子さんと婚約（9・12）
・景気拡大4年目に――個人消費、設備投資が高水準を維持し、国内需要も好調が続き、景気は37カ月連続で拡大局面にあると経済企画庁発表（12月）

・第41代アメリカ大統領にジョージ・ブッシュが就任（1・20）
・ソ連軍、アフガニスタンから撤退完了（2・15）
・ソ連ゴルバチョフ書記長訪中。関係正常化へ（5・15～18）
・アメリカ通商代表部が新通商法スーパー301条に基づき、日本を不正貿易国に指定（5・25）
・イランの最高指導者ホメイニ師死去（6・3）
・中国・天安門事件。戒厳部隊が天安門広場のデモ隊を武力鎮圧（6・4）
・アメリカの惑星探査機ボイジャー2号、海王星に最接近（8・25）
・サンフランシスコでマグニチュード7・1の大地震（10・17）
・東欧に民主化の雪崩現象――ハンガリーが複数政党制を復活（2月）。ポーランドの自由選挙で「連帯」が圧勝（6月）。東ドイツが西ドイツとの国境を開放（11・9）。チェコスロバキア、一党独裁を廃止（11・30）。ルーマニアはチャウ

1989・昭和64年・

・1年間に3回の公定歩合引き上げ。5月31日9年2カ月ぶりに0・75％引き上げ、以降10月11日、12月25日に0・5％ずつ引き上げ、年4・25％に
・企業合併・買収（M&A）が話題となる——アメリカ投資家の小糸製作所株買い占め（3月）。ソニーのコロンビア映画買収（9・27）。イギリスのポリー・ペック社の山水電気買収（10・27）。三菱地所のロックフェラーグループ社買収（10・31）など
・女子高生コンクリート詰め殺人事件発覚

シェスク政権崩壊（12月）。ソ連でも民族問題が先鋭化
・マルタ島で米ソ首脳会談が開かれ東西冷戦の終結を確認（12・2〜3）

1990・平成2年

・総選挙で自民党が安定多数獲得（2・18）
・礼宮親王、紀子さま結婚の儀　秋篠宮家創設（6・29）
・北朝鮮による拉致事件が隠蔽されたまま、日朝3党「謝罪と償い」盛った共同宣言調印（9・28）。日朝国交交渉開始へ
・湾岸危機への貢献策・国連平和協力法案廃案に（11・10）
・天皇陛下の即位の礼（11・12）と大嘗祭（11・22〜23）
・東京放送の秋山記者、日本人初の宇宙旅行（12・2〜10）
・株暴落。バブルに亀裂、財テクに警鐘
・イラクのクウェート侵攻で日本人を含む外国人が人質に
・大阪で「花の万博」開催。入場者総数２３００万人を突破
・生体肝移植相次ぎ脳死論議も高まる

・南ア黒人指導者マンデラが27年ぶりに解放される（2・11）
・ソ連、一党独裁放棄、大統領制へ移行、ゴルバチョフ氏大統領に（3・13）。食糧難、民族対立などで国内危機は深まる
・モントリオール会議で２０００年までにフロンガス全廃を決定（6・29）
・イラクがクウェートに侵攻（8・2）。中東湾岸危機勃発。国連安保理、武力行使容認（11・29）
・韓国と北朝鮮が半島分断後初の首脳会談開催（9・5〜6）
・韓ソ国交樹立（9・30）
・東西ドイツ45年ぶりに統一（10・3）
・全欧安保協力会議首脳会議でパリ憲章採択。不可侵宣言（11・19〜21）
・サッチャー英首相辞任（11・22）。メージャー蔵相が後任に（11・28）
・東欧諸国で自由選挙。ブルガリアを除き、民主・改革勢力が勝利

参考文献

池田弥三郎編『講座古代学』（中央公論社）
石原慎太郎『『歴史の十字路に立って――戦後七十年の回顧』（ＰＨＰ研究所）
磯崎新『いま、見えない都市』大和書房
磯崎新『ポスト・モダン原論』朝日出版社
磯田光一『戦後史の空間』磯田光一著作集４（小沢書店）
磯田光一『殉教の美学』（冬樹社）
呉善花『「反日・親北」韓国の暴走』（小学館）
江藤淳『落葉の掃き寄せ――敗戦・占領・検閲と文学』（文藝春秋）
江藤淳『閉された言語空間』（文春文庫）
江藤淳・小堀桂一郎編『新版靖國論集』（近代出版社）
海老沢泰久『Ｆ１地上の夢』（朝日新聞社）
折口信夫『古代研究Ｖ国文学篇』（角川書店）
菅野覚明『神道の逆襲』（講談社現代新書）
小林英夫『満州と自民党』（新潮新書）
島田雅彦『優しいサヨクのための嬉遊曲』（新潮文庫）
島田雅彦・浅田彰『天使が通る』（新潮社）
薗田稔『文化としての神道』（弘文堂）
高橋哲哉『国家と犠牲』（ＮＨＫ出版）

中島敦『南洋通信』（中公文庫）
南里空海『伊勢の神宮―日本人の原点回帰を求めて』（世界文化社）
西尾幹二『異なる悲劇　日本とドイツ』（文春文庫）
西尾幹二『ＧＨＱ焚書図書開封』１〜６（徳間書店）
西尾幹二『天皇と原爆』（新潮社）
西岡力『日韓「歴史問題」の真実』（ＰＨＰ研究所）
西部邁『大衆への反逆』（文藝春秋）
西村幸祐『Ｆ１グランプリ』（日本能率協会）
西村幸祐『反日の超克』（ＰＨＰ研究所）
博報堂生活総合研究所『分衆の誕生』（日本経済新聞社）
藤岡和賀夫『さよなら、大衆。――感性時代をどう読むか』（ＰＨＰ研究所）
松本隆『微熱少年』（新潮社）
村上春樹『風の歌を聴け』（講談社）
村上春樹『羊をめぐる冒険』（講談社）
村上春樹『世界の終りとハードボイルド・ワンダーランド』（新潮社）
村上春樹『ノルウェイの森』（講談社）
村上春樹『１Ｑ８４』（新潮社）
森清人『みことのり』（錦正社）
山崎正和『おんりい・いえすたでい’60ｓ』（文藝春秋）
山崎正和『柔らかい個人主義の誕生』（中公文庫）

山崎正和『不機嫌の時代』（新潮社）
山本武利『占領期メディア分析』（法政大学出版局）
山本武利『日本兵捕虜は何をしゃべったか』（文春新書）
米田雄介編『歴代天皇年号事典』（吉川弘文館）
ジョン・ダワー／猿谷要監修・斎藤元一訳『容赦なき戦争』（平凡社）
ジョン・ダワー／三浦陽一、高杉忠明訳『敗北を抱きしめて（上）』（岩波書店）
ダグラス・マッカーサー／津島一夫訳『マッカーサー大戦回顧録（下）』（中公文庫）
チャールズ・A・ビーアド／開米潤監訳／『ルーズベルトの責任――日米戦争はなぜ始まったか』（藤原書店）
ヘレン・ミアーズ／伊藤延司訳『アメリカの鏡・日本』（角川書店）
マリアナ・マッツカート／大村昭人訳『企業家としての国家――イノベーション力で官は民に劣るという神話』（薬事日報社）
ミルチャ・エリアーデ／堀一郎訳『生と再生』（東京大学出版会）
ミルチャ・エリアーデ／風間敏夫訳『聖と俗』（法政大学出版局）
ヨハン・ホイジンガ／高橋英夫訳『ホモ・ルーデンス』（中央公論社）
ルディ・カウスブルック／近藤紀子訳『西欧の植民地喪失と日本』（草思社）
レヴィ＝ストロース／川田順造、渡辺公三訳『レヴィ＝ストロース講義』（平凡社ライブラリー）
レヴィ＝ストロース／室淳介訳『悲しき南回帰線（上）（下）』（講談社学術文庫）
吉田東伍「貞観十一年　陸奥府城の震動洪溢」『歴史地理』第8巻・第12号　一九〇六年
伊藤一允「貞観十一年『陸奥国地大震動』と十和田火山についてのノート」『弘前大学国史研究』第100号　一九九七年

『東アジア近代史学会会報』第3号（東アジア近代史学会会報編集委員会　一九九七）
『新潮』昭和四十八年四月号、昭和五十八年八月号（新潮社）
Bob Constandurous『Williams』Kimberly's
Christopher Hilton『Conquest of Fomula 1』Patrick Stephan Lmited
George H. Nash『Freedom Betrayed:Herbert Hoover's Secret History of the Second World War and Its Aftermath』(Hoover Institution Press Publication　2011)
Herbert P. Bix「Hirohito and the Making of Modern Japan」(Perennial)
Ian Bamsey『RACE ENGINE DIRECTRY』Hayens Publishing Groupe
Jonah Goldber『 Liberal Fascism:The Secret History of the American Left from Mussolini to the Politics of Meaning』(Three Rivers Press　2009)
John W. Dower「Embracing Defeat」(W W Norton & Co Inc.)
John W. Dower「War Without Mercy」(Pantheon Books)

西村幸祐（にしむら・こうゆう）
昭和27（1952）年東京都生まれ。批評家、作家、ジャーナリスト。慶應義塾大学文学部哲学科中退。在学中に第7次『三田文学』編集担当。『ニューミュージック・マガジン』（現・『ミュージック・マガジン』）、レコーディングディレクター、コピーライターを経て、1980年代後半から、おもにスポーツをテーマに作家、ジャーナリストとしての活動を開始。平成14（2002）年の日韓W杯を機に、歴史認識問題や拉致問題、メディア論に関する取材、評論を展開する。『撃論ムック』『ジャパニズム』をそれぞれ創刊、編集長を歴任。故・西部邁氏が顧問の論壇誌『表現者』編集委員を務める。著書に、『日本人だけが知らなかった「安倍晋三」の真実』『報道しない自由』『九条という病』（ワニブックス【PLUS】新書）、『安倍晋三黙示録』（エムディエヌコーポレーション）など多数ある。

夢と栄華の時代が用意した〈失われた30年〉
1980年代

発行日　2024年12月30日　初版第1刷発行

著　者　西村幸祐

発行者　秋尾弘史

発行所　株式会社育鵬社
〒105-0022　東京都港区海岸1-2-20 汐留ビルディング
電話03-5843-8395(編集)
http://www.ikuhosha.co.jp
株式会社扶桑社
〒105-8070　東京都港区海岸1-2-20 汐留ビルディング
電話03-5843-8143(メールセンター)

発　売　株式会社扶桑社
〒105-8070　東京都港区海岸1-2-20 汐留ビルディング
（電話番号は同上）

装　丁　新 昭彦(ツーフィッシュ)

カバー写真　時事通信フォト

DTP制作　株式会社ビュロー平林

印刷・製本　タイヘイ株式会社　印刷事業部

Printed in Japan ISBN 978-4-594-09670-0